貧困・障がい・国籍
教育のインクルーシブ化に
学校はどう備えるか

共生社会の学校づくり研究会 ［編］

礒田　勝・大多和雅絵
川崎雅和・東郷伸也 ［著］
水口真弓

G学事出版

　人々が健康で文化的な生活を営むためには、生きる力の源泉となる学びの機会が平等に、かつ豊かに提供されなければなりません。学びの力を獲得することによって人々は社会に活躍の場を求め、自己実現を図ることができます。

　憲法第26条が「ひとしく教育を受ける権利を有する」と規定しているのはそのことを意味しているのだと思います。学習機会は決して「身の丈に合わせて」提供されればよいというようなものではありません。

　しかし、経済のグローバル化は貧困家庭の増加を招き、進学や就職に圧倒的に不利な状態に置かれる子どもたちが増えました。そして、諸統計は貧困が親から子どもへと連鎖するものであることを明らかにしています。私たち学校教育に携わる者は、子どもたちの就学を守り、学習を支援する手だてを追求して、貧困の連鎖を断ち切らなければなりません。

　わが国が2007年に調印した「障害者の権利に関する条約」は、障がい者が自己の生活する地域社会において、障がい者を包容する教育を受ける権利を持っていること、および、その権利を保障するために個人に必要とされる合理的配慮が提供されなければならないことなどを規定しています。

　しかし、一人一人の状況に応じた合理的配慮をすすめる施策は、はかばかしい進展がみられません。いまだに障がいのある子どもは特別に分断された環境で学ぶ姿が一般的であり、インクルーシブ化がすすむ先進諸国の水準からははるかに遠い状況にあります。

　現在もさまざまな困難に直面している学校現場にとって、インクルーシブ化の推進は非常に重い課題です。しかし、これはどうしても避けては通れない課題です。

　わが国は、基本的人権の絶対厳守をうたう日本国憲法下にあって、精神疾患者・知的障がい者に不妊手術を強制した恥ずべき過去を持っています。津久井やまゆり園の大量殺人事件もそうした障がい者に対する差別・偏見意識が今日も生き続けていることを明らかにしました。教育に携わる者は、

インクルーシブ教育の今日的重要性をしっかりと認識し、困難に立ち向かわなければなりません。

　わが国に居住するすべての子どもにひとしく学ぶ権利を保障することは、わが国が締結している国際人権規約や子どもの権利条約の条約上の義務です。しかし、多くの外国籍の子どもが未就学であったり、特別支援学級に詰め込まれているという実態がよく報道されます。入管法の改正により、今後、家族を帯同しての外国人労働者の就労が増加することも見込まれます。

　政府は日本語教育の推進や夜間中学校の設置、学齢簿への搭載などを自治体に求めていますが、そのような施策が速やかに推進されるかは、国・自治体・学校の努力如何にかかっていると思います。

　その他にもさまざまな障壁が、弱者や少数者の学習権保障の推進を妨げています。学校教育に関わる者は、そのようななかで、すべての子どもが助け合って共に学ぶ環境の構築を目指さなければなりません。

　そこで本書では、2020年2月に日本教育事務学会が開催しました「すべての子どもの学ぶ権利を守るために」をテーマとした研究集会で発表された実践的レポートを基に、共生社会における学びの場はどうあるべきか、その実現を目指して教育行政と学校はどのような取組をしなければならないかを追究したいと思います。

　学校は困難な課題をたくさん抱え、とても「共生社会の学び」などを考える余裕はないという声があちこちから聞こえてきそうです。しかし、そのような時だからこそ、学校と教育行政機関はこの課題に正面から向き合わなければならないと思います。

　本書に提起した諸課題と、それに向き合った実践報告が皆さんのこれからの課題挑戦へのヒントとなることを願っています。

執筆代表者　川崎雅和

目　次

第4章 日本で暮らす人々の学ぶ権利の保障と夜間中学校 〈大多和雅絵〉……………………………109

第1章

共生社会における
学びのあり方を追究する

川崎雅和

❶ 学ぶ権利は国籍に左右されない

　学ぶ権利は日本国籍の有無によって左右されるものではありません。

　わが国が締結し批准した条約である国際人権規約A第13条は、「この規約の締結国は、教育についてのすべての者の権利を認める」としていますし、児童の権利に関する条約第28条も、すべての子どもに義務的かつ無償の初等教育を保障するとともに、中等教育の機会の保障と無償の推進を規定しています。

　こうしたことから、外国籍の子どもの学ぶ権利は確実に保障されるべきですが、学校教育法施行令第1条第2項が、「学齢簿」は日本国籍を有する学齢児童生徒等が対象であるとしていることから、外国籍の子どもは見逃されることになりがちです。

　2019年1月6日の「毎日新聞」は、日本に住民登録し、小中学校の就学年齢にある外国籍の子どもの約2割にあたる1万6,000人ほどが、通学が確認できない「就学不明」になっていると報道しました。記事では、「外国籍の子は義務教育の対象外とされているため就学状況を確認していない自治体も多く、教育を受けられていない子どもが多数いる可能性がある」としています。

　また、2018年6月24日の朝日新聞デジタル版は、「ブラジル人ら外国人が多く住む地域の小学校で、外国人の子どもが日本人の2倍以上の比率で障害児らを教える特別支援学級に在籍していることが、民間団体の調査で分かった。日本語が十分にできないために障害があると判断され、特別支援学級に入れられている例もある」と報道しました。

　文部科学省はこのような不正常な実態を是正するため、2012年7月、「外国人の子どもの就学機会の確保に当たっての留意点について」を通知して、外国籍の子どもの保護者に対し、従来の外国人登録原票等ではなく、住民基本台帳に基づいて、就学案内を通知することや、住民基本台帳担当部署や福祉担当部署、公共職業安定所等との連携を図りつつ、外国人の保護者に適切な情報提供を行うことや、また、「外国人の子どもについても、住民基本台帳等の情報に基づいて学齢簿に準じるものを作成する」ことなどを自治体に求めました。

　また、2018年12月に出入国管理及び難民認定法が改正されて、就労を目的とする在留資格が「高度な専門人材」に限定されていたところに、より一般的な資格である「特定技能1号」と「特定技能2号」が加えられ、2号には家族の帯同も認められることとなった際にも、「外国人の子供の就学の促進及び就学状況の把握等について　30文科教第582号」を通知し、自治体に外国籍の子どもの就学促進に取り組むとともに、学齢を経過してしまった者については、公立中学校への受け入れや夜間中学への入学が可能であることを案内することを求めました。

　2019年6月には、外国籍の子どもや就労者等に日本語教育を受ける機会を最大限確保するとした「日本語教育の推進に関する法律」が議員立法で成立しました。また同日、文科省は47都道府県に加えて、すべての政令指定都市に夜間中学校を設置することや、各自治体に外国籍の子どもも学齢簿に加える方向で施策を見直すことを促すと発表しました。

　こうしたことから、今後、夜間中学校の役割はますます高まると思います。その歴史とこれまで果たしてきた役割、今後の課題等については、本書第4章で大多和雅絵さんが詳しく解説されているとおりです。

　そして政府は、2020年7月1日、外国人の子や留学生、就労者への日本語教育の推進に関する基本方針を閣議決定し、「外国人の子供の就学促進及び就学状況の把握等に関する指針」を全国自治体に通知しました。

　指針では、外国籍の子どもは、「共生社会の一員として今後の日本を形成する存在であることを前提に」就学機会の提供を推進することが必要であると明記し、自治体に対し、学齢簿に外国籍の子どもを搭載することや、公立小中学校への就学案内に回答がない家庭については、保護者に連絡をとって就学を勧めることなどを求めました。

　国籍によって学ぶ権利が差別されてはならないという理念は今や国際常識であり、その実現は条約によって義務づけられていることを忘れてはなりません。

❷ 合理的配慮で共に学ぶ

　障がいのある子どもの学習機会確保は、1947年に制定された学校教育法

に盲・聾・養護学校が規定され、翌年には盲・聾学校の義務制が実施されて戦後の歩みを始めました。

　当初は養護学校が義務制とはされませんでしたので、多くの子どもたちが学ぶ機会を失った状態に置かれましたが、1979年、養護学校を義務制とする学校教育法の改正があり、重度の障がいを持つ子どもであっても養護学校に通学できることとなりました。

　これは高く評価されるべき改革ではありましたが、文部省は1978年10月に「教育上特別な取扱いを要する児童・生徒の教育措置について（文初特309号）」を通達し、障がいの程度に応じて、養護学校、特殊学級、通常学級に振り分けて教育する旨の指示を行いました。これに基づいて、行政による選別のための就学指導が行われ、障がいのある子どもを等級別に振り分けて、分断された環境で教育を受ける仕組みが固定化されることとなりました（現在、この通達は失効しています）。

　この体制を抜本的に変えたのは、特別支援教育への変換です。1960年代以降、欧米諸国では、公民権運動の高まりなどの影響を受けて、教育についても能力主義的選別を是正し、できる限りノーマルな教育環境を保障するというインテグレーション＝統合教育が推奨されるようになりました。また、特殊教育の対象とされてきた盲、聾、知的障がい、肢体不自由などに加え、自閉症・学習障がいなどの新たな障がいや、学習困難・行動問題を持つ子どもの問題がクローズアップされるようになり、障がいというカテゴリーを超える「特別な教育的ニーズ」という概念が提起され、1994年6月にユネスコが開催した「特別なニーズ教育に関する世界会議」において採択されたサラマンカ声明に取り入れられて、世界各国に波及していきました。

　わが国でも、2006年6月に成立した改正学校教育法によって、盲・聾・養護学校が「特別支援学校」に一本化され、障がいの種類によらず一人一人の特別な教育的ニーズに応えていくという特別支援教育の理念が取り入れられました。

　こうした変遷を経て改善が図られてきたわが国の特別支援教育は2007年に、障がい者は自己の生活する地域社会において、障がい者を包容する教育を受ける権利があり、そのために個人に必要とされる合理的配慮が提供

されると規定する「障害者の権利に関する条約」を調印したことによって新たな進展をみせることとなりました。

調印を受けて2011年8月には、障害者基本法第16条に「可能な限り障害者である児童及び生徒が障害者でない児童及び生徒と共に教育を受けられるよう配慮」するとの規定が設けられ、2013年に同条約を批准してインクルーシブ教育の推進へと歩をすすめることとなりました。

条約の批准と障害者基本法の改正を受けて、中教審初等中等教育分科会に設けられた特別支援教育の在り方に関する特別委員会が出した報告書では、条約が規定する「合理的配慮」とは、「障害のある子どもが、他の子どもと平等に『教育を受ける権利』を享有・行使することを確保するために、学校の設置者及び学校が必要かつ適当な変更・調整を行うこと」であり、「障害者の権利に関する条約において、『合理的配慮』の否定は、障害を理由とする差別に含まれるとされていることに留意する必要がある」としています。

障がいのある子どもたちの学びをどのように支援していくか、地域と学校はどのように取組を展開すべきかは、第3章に礒田勝さんがご自身の実践を踏まえて提言しています。

❸ 貧困が招く教育格差

2013年6月、「子どもの貧困対策の推進に関する法律」（以下、「子どもの貧困対策法」）が衆参両院において全議員の賛成によって可決、成立しました。この法律が議員立法によって誕生したのには、経済格差によりわが国の子どもの「相対的貧困率」が極めて高いという背景があります。

相対的貧困率とは、対象者を所得順に並べた時、真ん中にあたる人の所得の半分に満たない人の率をいいます。2018年の厚生労働省調査では、17歳以下の日本の子どもの相対的貧困率は13.5％であったということです。この調査結果は日本の子どもの7人にひとりは相対的貧困状態にあることを意味します。特にひとり親世帯では48.1％と、2世帯のうち1世帯は貧困であるという調査結果が出ています。

また、2013年5月にユニセフがまとめた報告書では、わが国の相対的貧

困率は、OECD加盟国35カ国中9番目の高さとなっています。このことは、わが国が貧富の差が極めて大きい国であることを意味するものです。

　そして、貧困な家庭は子どもの学習や進学、就職に圧倒的に不利であり、貧困の連鎖が強く心配されるところです。

　次の表は世帯年収と学力テスト成績との関係を示したものです。

2013（平成25）年度 全国学力テストにおける世帯年収と平均正答率（単位%）

家庭の年収	小学校6年生				中学校3年生			
	国語A	国語B	算数A	算数B	国語A	国語B	数学A	数学B
200万円未満	53.0	39.0	67.2	45.7	69.1	58.6	51.5	30.0
200～300万円未満	56.8	42.7	70.4	50.8	71.2	60.9	55.2	33.1
300～400万円未満	58.4	45.0	73.6	53.3	73.9	63.4	58.4	35.5
400～500万円未満	60.6	47.0	75.1	56.2	74.8	65.2	60.6	37.9
500～600万円未満	62.7	48.8	77.6	57.9	76.6	67.6	63.6	40.4
600～700万円未満	64.8	52.5	80.1	61.3	77.6	69.2	66.6	43.5
700～800万円未満	64.9	52.4	79.7	62.2	78.7	70.9	68.6	46.6
800～900万円未満	69.6	57.6	83.2	66.0	79.7	71.8	69.6	48.1
900～1,000万円未満	69.3	55.1	82.7	66.4	80.9	73.3	71.6	49.9
1,000～1,200万円未満	69.6	55.5	83.9	67.9	81.8	73.9	72.8	52.6
1,200～1,500万円未満	70.8	59.4	84.5	67.1	83.0	75.8	75.1	54.7
1,500万円～	75.5	61.5	85.6	71.5	81.8	75.9	73.4	53.4

出典：文科省の委託によるお茶の水女子大学の研究結果報告「平成25年度学力調査を活用した専門的な課題分析に関する調査研究」40頁

　2020年度、小学校から実施が始まった新学習指導要領は、主体的・対話的で深い学び＝アクティブ・ラーニングの推進を大きな柱としています。

　これについて広田照幸日本教育学会長は、アクティブ・ラーニングのような主体性や意欲を大切にする学習方法は、「家庭の文化・経済面での差や子どもの学力レベルの差を敏感に反映してしまう」と指摘されています（『世界』2017年3月号、岩波書店）。

　ただでさえこうした危険が存在するなかで、オンラインによる家庭学習がコロナ禍を契機として広く推進されるようになったことにも注視する必要があります。家庭におけるICT環境の整備にかかる経費を負担できるか、保護者が恒常的に家庭学習を見守ることが可能かなど、家庭の経済力、教育力の格差が一層顕著に学力格差につながる心配があります。

　そこで子どもの貧困対策法第1条は「この法律は、子どもの将来がその生まれ育った環境によって左右されることのないよう、貧困の状況にある子どもが健やかに育成される環境を整備するとともに、教育の機会均等を図るため、子どもの貧困対策に関し、基本理念を定め、国等の責務を明らかにし、及び子どもの貧困対策の基本となる事項を定めることにより、子どもの貧困対策を総合的に推進することを目的とする」と法の目的を明らかにしています。

　法の制定を受けて内閣は2014年8月、「子供の貧困対策の推進に関する大綱」を策定しました。そこでは学校を子どもの貧困対策の「プラットホーム」とするとしています。プラットホームの意味するところは、学校が子どもたちの見守り拠点となり、就学援助や学習支援を校内全職種の協働によって進めるとともに、生活保護やスクールソーシャルワーカーとの連携など、外部とのつながりを主体的にすすめることを期待するものといえるでしょう。

　この法律は2019年に改正が行われ、法の目的に、教育の機会均等を保障することと、児童の権利に関する条約の精神にのっとることが追加されました。また、子どもの貧困対策計画の策定努力が都道府県・政令市だけでなく市町村にも義務づけられることとなりました。

④ 見逃すことのない就学支援を

　義務教育を受ける児童生徒の家庭に対する就学支援の制度としては、厚生労働省所管の生活保護として給付される教育扶助と、文科省が所管し各自治体が実施する就学援助が主なものです。

　わが国では、補助を受ける資格があるにもかかわらず生活保護を受けていない「要保護者」が非常に多いのが特徴です。要保護者のうち、現に保護を受けている者のパーセンテージを捕捉率といいます。わが国の捕捉率は、厚労省の発表では30％強となっていますが、研究者の試算では15.3〜18％とされています。

　また、生活保護の被保護者が全人口に占める割合を利用率といいますが、わが国の場合は、わずか1.6％ということです。一方、欧米諸国では、ド

イツの場合は捕捉率が64.6％で利用率は9.7％、フランスでは捕捉率91.6％で利用率5.7％などと、おしなべて、わが国をはるかに超える水準の社会保障を実現しています（2010年調査、『生活保護「改革」ここが焦点だ！』あけび書房より）。

　こうしたことからわが国では、要保護の状態にある家庭をいち早くキャッチし、速やかに生活保護につなげることが非常に大切となっています。

　しかし政府は2012年8月、「社会保障制度改革推進法」を制定し、扶養義務者に対する調査権限を強化するなどの、生活保護費抑制策を推進しきました。このような政策の推進は、ただでさえ捕捉率が極めて低いわが国において、生活保護を必要としながらも申請をためらう人々をますます増加させることになると思います。

　それに引き続き、安倍政権は2013年から2015年まで3回にわたって生活保護基準の大幅引き下げを実施しました。引き下げ幅は平均で6.5％、最大で10％。削減総額は670億円という、戦後最大の規模です。この引き下げにより、生活保護世帯の96％が影響を受けたとされます。

　これによって後述する就学援助制度も影響を受けました。多くの自治体では、生活保護の要保護基準をもとに就学援助の準要保護認定基準を設定していますので、それまで受給していた就学援助が受けられなくなる家庭が増加しました。

　就学援助は地方自治体が、経済的理由により就学困難と認められる学齢児童生徒の保護者に必要な経費を補助する制度で、主に生活保護の要保護に準ずる程度（準要保護）の困窮世帯に対して実施されます。具体的な援助対象の範囲、援助項目、援助額等は各自治体が決定します。

　就学援助制度は経費の約2分の1を国が補助金を交付することによって成り立ってきました。ところが2005年の「三位一体の改革」で国庫補助が廃止され、その分は地方交付税の交付金に回されることになりました。これにより、就学援助はそれぞれの市町村の政策判断に左右される不安定な制度となってしまいました。

　義務教育無償の実現がほど遠い今日、経済的に困難のある家庭に対する就学支援の諸制度は、子どもたちの教育を受ける権利を最低限保障するた

めの、欠くべからざる仕組みです。私たちは、これらの制度があまねくゆきわたり、子どもたちが安心して学ぶことができるよう、最大限の努力をしなければなりません。

　就学援助の認定権限が学校長に委任されている京都市では、学校職員が一体となって漏れのない制度の運用を進めるとともに、細やかな学習支援・進路保障の取組がすすめられています。その感動的な実践は第2章に紹介するとおりです。

　なお、新型コロナウイルスは、多くの人々の職を失わせ、2020年4月の生活保護申請は前年同月比24.8％の上昇であったと、新聞各紙が報道しました。今後、ますます家庭の困窮はすすむでしょう。

　そこで文部科学省は、「新型コロナウイルス感染症に対応した持続的な学校運営のためのガイドライン」を通知し、「就学援助等については、その認定及び学用品費等の支給について、申請期間の延長等、可能な限り柔軟な対応を行うとともに、新型コロナウイルス感染症の影響等により家計が急変し年度の途中において認定を必要とする者について、速やかな認定と必要な援助を行う」ことを全国の自治体に指針として示しました。

　これを受けて各自治体は、「新型コロナウイルス感染症により家計が急変した世帯への就学援助の案内」を保護者に周知し、就学環境を守る施策をすすめることとなりました。学校においても、家庭の状況に臨機に対応し、子どもが安心して登校できる環境を守らなければなりません。

❺ 共生社会における学びのあり方を追究する

　ここまで述べてきた国籍、障がい、貧困などの外にも、子どもの学ぶ権利の保障を妨げる要因は数多く存在します。それらの垣根を乗り越え、すべての子どもを包摂した、共に学ぶ環境をつくろうというのが、本来のインクルーシブ教育の理念です。

　かつて神奈川県立養護学校の校長などを歴任され、現在、田園調布学園大学教授をなさっている鈴木文治氏はそのことを著書のなかで次のように述べておられます。

　「インクルージョンは、みんなで助け合って生きる社会、すなわち『共

に生きる社会』の理念である。さまざまなニーズを持つ人々が、自然にみんなで支えあって生きる社会のあり方に共通するものである。在日韓国・朝鮮人やホームレス、病人や高齢者、生活面で困難さを持つ人々などを包み込み、お互いが助け合う社会が、『共生社会』なのだ。インクルージョンの社会は、『障害者』『障害児』の言葉がなくなる社会である。あえて障害のレッテルを貼らなくても、自然に支え合う社会では、障害者、障害児への特別視がなくなっていく。人間社会のあり方の理想が実現する社会である。そしてこのインクルージョンの理念のもとに行われるのがインクルーシブ教育である」（『排除する学校』明石書店、2010年、206頁）。

インクルーシブ教育はこうした理念に基づき、すべての差異を包み込み、それぞれの事情に合わせた配慮を行って、共に学ぶというのが本来の言葉の意味です。

しかし、わが国においては、内閣府が、共生社会とは「全ての国民が障害の有無にかかわらず、互いに人格と個性を尊重し合い、理解し合いながら共に生きていく社会」であると説明しているように、障がいの有無による分断を無くすことを主な目的として語られる言葉となっています。これはわが国が、つい最近までハンセン病患者に非人道的な扱いをしてきたことにみられるように、病気や障がいのある人に対して極めて冷たく、差別的であったことの表れでもあると思われます。しかし今後、インクルーシブ教育という言葉はより広い、本来的な意味で用いられるようになることと思います。

本書の第2章から第4章の執筆者は、2020年2月15日に日本教育事務学会が東京都日野市の明星大学において開催した、「すべての子どもたちの学ぶ権利を守る教育事務の役割」をテーマとする研究集会の基調報告者であり、それぞれの勤務校における実践を踏まえて、研究集会で報告された内容をもとに、本書に執筆していただいたものです。

また、研究集会では、夜間中学校などで実践的な活動をすすめ、弱者や少数者の学ぶ権利の擁護に積極的な発言をしていらっしゃる元文部科学事務次官の前川喜平さんに講演をしていただきました。

前川さんは、戦前のわが国の教育は国家のためのものであり、軍隊的な

システムで運営され、子どもは学ぶ権利の主体とは扱われなかった。そのために心身にハンディキャップのある子どもは、国に役立たないものとみなされて就学が免除された。それは徴兵免除と同じ考え方によるものだったと説明されました。

そして、個人の尊厳を根本的な価値とする日本国憲法はこうした関係を否定し、人は学ぶことによって人間らしい人間として生きられるとして「学ぶ権利」が確立されたこと、しかし戦後も就学免除は広く行われ、養護学校の義務化以降も障がいのある子どもたちの学びが十分に保障されているとは言えない状況にあること、教育行政はすべての子どもが学べるようにするという憲法上の義務を負っていることなどを話されました。

また、インクルーシブ教育の推進については、子どもたちが共に学ぶことは大切であるが、それは必ずしも同じ教育を受けることを意味するのではなく、個別の学びの配慮が重要であると話されました。

夜間中学校に関しては、戦後一貫して冷淡な態度をとってきた文科省が、日弁連などさまざまな団体や超党派の国会議員連盟の運動を受けて積極的に設置を目指すよう方向転換し、教育機会確保法に結実したことや、夜間中学校に通う生徒の多くが、日本語がマスターできていない外国籍の人であることから、東京の夜間中学校で行われているような日本語学級を編成したり、無償の日本語学校を併設することが重要であり、それには国の学級編制基準に算入するなどの支援が必要であることなども話されました。

そのほか、日本に居住する諸外国の子どもたちの民族教育の機会を保障し支援することが、これからの多文化共生社会の形成に重要な役割を果たすとのお話もいただきました。

近年、排外主義的な思潮が世界に暗い影を落とすようになってきました。コロナ禍はその傾向を一層助長する可能性があります。共生社会への歩みをすすめようとする試みには大きな試練の時と言えるでしょう。

私たちは、日本国憲法が規定する「ひとしく教育を受ける権利」をすべての子どもたちが享受し、助け合って共に学ぶ学校のあり方を追究し、実践をすすめていきましょう。

第2章

経済的困難を抱えた子どもの就学支援と学習支援

水口真弓・東郷伸也

はじめに ▐▐

　今回私たちは、日本教育事務学会「すべての子どもたちの学ぶ権利を守る教育事務の役割」をテーマとする研究集会において、基調報告をさせていただく機会がありました。報告をまとめるにあたり、教員と学校事務職員それぞれの立場から、経済的困難を抱えた子どもたちの姿とは、学校にいる職員として私たちは何をすべきなのか、就学支援と学習支援の取組を進めていくなかで大切にしたいことは何か、改めてこれまでの取組を振り返りました。

　第1節では、学校事務職員の立場から水口真弓が報告いたします。「京都市の就学援助制度」を通して事務職員として成長できたこと、そして就学援助事務を通して子どもたち、保護者、教員の姿から学んだこと、気づいたこと、就学支援と学習支援に取り組むために事務職員として大切にしていきたいことについて報告します。

　第2節では、教員である東郷伸也が報告いたします。「経済的困難を抱えた子どもたち」を、ここでは就学援助対象生徒として焦点化し、学習支援の取組から進路保障へとつなげていきます。子どもたちの「自信をもって生きていく力」を育むために、子どもたちと向き合い情熱的に、子どもたちの手を離さないように取り組みます。その取組は「協働」とともに進めていきます。

　東郷の文面からは、真の「協働」の意味を感じとってもらえることと思います。

第1節 | 就学援助制度から学んだ 「子どもたちの姿」と「協働」

❶ 事務職員として一歩踏み出せた「京都市の就学援助制度」

　平成16年度、京都市では就学援助対象者の年間認定人数が18,000人を超え、事務の処理件数が年々増加している状況にありました。当時、教育委員会では、帳票記入や台帳管理などの事務を手作業で行っていたため多大

な時間と労力を要しており、事務の簡素化、迅速化が求められていました。また学校ごとに行われていた保護者への就学援助費支給事務の負担軽減および支給の迅速化を図るために、支給方法の見直しもすすめられていました。その結果、就学援助事務を電算管理して各学校の就学援助事務を効率化するとともに、支給方法については教育委員会から保護者の口座への直接振込を行うこととなりました。

　平成17年度には、学校の就学援助事務が次の3点で簡素化・省力化されました。1点目は、認定事務の簡素化として、認定理由を整理統合し、さらに認定権限を教育委員会調査課長から学校長へ委譲しました。これによって認定の迅速化、事務の簡素化が図られ、できるだけ早く就学援助費が保護者に支給できることとなりました（ただし、特別な事情がある場合の認定は、従来どおり調査課長が行います）。2点目は、電算化による事務の省力化です。従来、集計表など学校で手書き作成であった大部分の帳票を、教育委員会が一括作成して学校に送付するなど、学校での事務の負担軽減が図られました。また、帳票を整理統合し事務の簡素化も同時に行われました。3点目は、就学援助費の支給方法として、教育委員会から保護者の金融機関口座への直接振込を開始したことです。これによって交付決定から保護者への支給までの迅速化および学校での支給事務の軽減が図られました。

　なお、就学援助費の振込先は学校長判断で選択ができますので、預り金の未納があった場合は（京都市では保護者負担金、学校徴収金のことを預り金と言います）学校口座へ振込を行い、預り金の未納分に充てることができます。

　学校長への認定権限委譲は、事務改善の一環のように思いますが、教育委員会も学校もその根底には「保護者に認定の可否を早く伝えて安心していただきたい、できるだけ早く就学援助費を支給したい」との思いがあったのではないかと考えます。

　また、当時は給与の三手当や公費予算の合算執行等、学校長への権限が拡大されている時期でもありました。私自身は、給与の三手当認定事務や公費予算執行については主として担当し業務遂行していたものの、就学援助事務については就学援助費の支給事務にしか携わっていませんでした。

保護者から就学援助申込があれば、受給資格の有無を学校長が審査し認定の決定を行うまでの実務は担当者が不備なくすすめなければなりません。これだけ大切な認定事務を担当の教員に任せたままで良いのだろうかと、改めて京都市の就学援助制度に関する事務の流れや校内体制を考え直しました。校務分掌上において事務職員を担当者として位置づけることや事務職員と担当教員の役割分担について、学校長と相談し企画運営委員会へ提案しました。

　私自身は、遅ればせながら就学援助認定が学校長へ委譲されたことを機に、京都市の就学援助制度と運用を改めて学び、主体的に就学援助事務を遂行するようになりました。

　就学援助の認定事務においては、世帯全員の所得の確認が必要となりますので、まずは世帯の状況を確認します。ここでいう世帯の状況とは実態に即した状況です。住民票等は問いません。私はこの世帯の状況確認が大変重要であると考えます。世帯の実態と就学援助申請書に書かれた世帯状況が一致していることを確認します。そして世帯全員の所得確認をします。例えば、祖父母との同居について保護者から「祖父母とは同居していますが、お財布は別々なので世帯としては別です。ですので、就学援助申込書には祖父母の名前は書いていません」と言われることがあります。京都市の就学援助制度では、同居でありながらも生計を別にする場合は光熱水費の契約も別であることとなっています。このあたりは保護者になかなか理解いただけないこともありますが、不正受給となってしまわないように保護者に丁寧に説明し理解していただきます。

　また、世帯の所得合計額が就学援助の基準額を超える場合には認定不可となってしまいますが、加算項目を就学援助の基準額に加算することで認定可能となる場合があります。世帯の所得合計額が就学援助の基準額を超える家庭については、何か該当する加算項目がないか、保護者へ説明と聞き取りを丁寧に行います。

　このように認定事務を進めていくなかで、事務職員として職責を果たすことのやりがいを感じつつも、一方で一枚一枚の就学援助申込書に緊張しながら、そして「認定可能でありますように」と祈る気持ちで実務をすすめていきました。

❷ 就学援助認定事務は机上の事務だけではない

　就学援助申込書に書かれた世帯状況の確認は、担任へ提出されている家庭環境調査票に書かれた世帯状況との照合や日頃の生徒の話から伺える世帯状況をもとにすすめていきます。就学援助担当教員と確認をすすめていくなかでは、生徒の家庭環境、背景、生徒に対しての教員の思いを知ることができました。職員会議では、生徒指導上の情報共有において、就学援助対象者の名前がよく挙ってくることに気づくようになります。これまでも、課題のある生徒として名前や課題の内容をある程度把握していましたが、その生徒の家庭環境、背景を知ると報告の受け止め方が変わってきます。

　また、就学援助認定事務を通して生徒の経済的な状況・家庭環境を担任や就学援助担当教員と共有していくなかで「彼・彼女たちにとってどんな家庭や学習環境が望ましいのだろう」と話をすることがあります。

　ここでは、2つの事例を紹介します。一つ目は、ネグレクトの状態にある家庭についてです。ネグレクトの状態にある家庭は、生徒の姿・親の言動・世帯の状況・家庭訪問・預り金の未納状況などから察知することがよくあるかと思います。また、就学援助申請を学校から促しやっと申請されて認定できて、学用品費や給食費を確保することもあります。そのような働きかけを担任や就学援助担当の教員、事務職員で一緒に行う過程のなかで、見逃すことができない保護者・家庭に出会うことがあります。私は小学校から高校を卒業するまで児童養護施設で育った経験から「親と離れて生活するほうが良い方向に行くこともあるよ」と話をすることがあります。どちらかというと先生方は「何が何でも親と一緒にいるほうが良い」と考える方が多いのですが、自身の経験から「必ずしもそうではないかもしれない」とアドバイスをしたことがあります。いろいろな視点からその生徒が持つ背景をみて、学校は場合によっては、積極的に関係機関に働きかけることが必要であると考えます。2つ目の事例は、母親がアルコール依存症と思われた母子家庭です。中学校入学当初から就学援助制度対象の家庭でした。日頃の生徒の姿はおとなしく生徒指導上も何ら問題なく特に大きな課題を感じていませんでした。就学援助の継続申請で、当時、児童扶養

手当証書の写しが添付書類として必要があったのですが、なかなか提出されず認定事務をすすめることができませんでした。一度認定が取り消しになってしまうと、給食費が出ないなど困ることが出てきます。継続認定できるようこちらは保護者へ働きかけます。電話連絡をして提出を促すけれども提出されない。何度も何度も電話で話をするなかで「自分はアルコールの病気でしんどいのや」と話をされるようになりました。私はずっと「うんうん」と話を聞いていたのですが、これも自分の父親を見てきた経験から抗酒剤を飲むとかなりつらいことや、お酒を断つと禁断症状が出て本人も家族もつらいことを察します。このお母さんはここまでの状況ではないようでしたが、この病気と向き合っている家族はとてもつらい思いをしていることが想像できました。

　生徒自身からは、その状況はみえなかったのですが、就学援助認定事務を通して、母親とつながることで生徒の家庭環境、背景を知ることができました。もしかするとこの生徒は、日頃、家にいる間は学習と向き合えていないのかもしれません。このような意見についても担任や就学援助担当教員と共有します。その生徒のみえていなかった背景を知り、少しでも集中して学習できる環境をつくるために、学校はその生徒を放課後学習会へ参加するよう積極的に促すなど、学習支援を考えることにつなげていきます。これらは一例ではありますが、事務職員も教員も就学援助認定事務は机上の事務だけではないことに気づきます。

❸ 就学援助対象生徒の名前から教育活動をみる

　春の教室掲示板には、新しいクラスメイトが互いに知る意味で生徒の自己紹介カードが飾られています。好きな食べ物は？　好きなスポーツは？　今年がんばろうと思うことは？　生徒それぞれ個性が光っています。そのなかで「好きな本ベスト３」の箇所だけが空欄となっている生徒の自己紹介カードがありました。就学援助事務を通して覚えている名前です。父子家庭でひとりっ子、要保護家庭です。それらの背景を担任の先生と共有しながら「○○さんの好きな本ベスト３は、書かないのか、書けないのかどちらなのでしょうね」と話していました。残念ながらこの時、私たちは答

えを見つけることができませんでしたが、担任としてできること、事務職員としてできること、学校としてできることは何なのかを考える貴重な機会となりました。

　文化祭では、各学年、教科等、さまざまな生徒作品が並びます。理科においては、1、2年生が夏休みの宿題として取り組んだ自然研究レポート約600点のうち、各クラスから選出された優秀作品200点ほどが展示されていました。私は、特に意識をしていたわけではないのですが、それらの作品のなかに就学援助対象者の名前を探していました。しかし残念ながらあまり見あたりません。「優秀作品のなかに、就学援助対象生徒の作品は、あまり入っていないですね」と、理科展の担当者として理科室にいた当時、学年主任の東郷伸也先生（本章第2節執筆担当）に何気なく言いました。私としては就学援助事務を通して覚えている名前がそこにあれば嬉しいなという思いが先立っての一言でした。東郷先生は「今までそのような視点で見たことがなかった。大変重要な課題ではないか」と受けとりました。何気なく伝えた一言を「重要な課題」と受け止めた東郷先生の発言に、私も改めて「重要な課題」であることに気づかされました。もし、東郷先生の「重要な課題」との受け止めがなければ、私は「就学支援と学習支援」を結び付けて教育活動を考える視点を持つことはできなかったかもしれません。

　この出来事は「経済的困難を抱えた子どもの就学支援と学習支援」を「協働」で取り組む出発点ともなったのですが、その後の展開については第2節をご覧ください。

❹ 授業参観から学ぶ

　経済的に厳しい家庭や、家庭環境が厳しい背景を持った生徒は、日頃どのように授業を受けているのか、行事に参加しているのか、部活動でどのように頑張っているのかとても気になります。それらの話を先生から聞くと「実際に見てみたいな、活躍していると嬉しいな」と思うようになり、私は授業や行事等の参観をするようになりました。日頃の就学援助事務を通して覚えている名前と生徒の姿を一致させて、授業等の様子を参観しま

す。就学援助対象生徒の様子、クラスの様子がみえてくると、教員と一緒に生徒の話をする機会が増えていきます。

授業参観では、就学援助対象生徒がしっかりと授業に参加し、先生の話に頷きノートをとる、発言したりクラスメイトの意見を聞く、当たり前の姿かもしれませんが、それを目にすることで、私の志気は高まります。また、その姿とは逆に心配な様子の生徒もいます。授業の内容を理解しているかな、黒板に書かれたことをノートに写しているだけになっていないかな、グループ協議では発言せずにペンを握ったまま…大丈夫かな、この生徒はどのような進路展望を持つのだろうかなど。事務職員として直接学習指導ができるわけではありませんが、事務職員にしかできない何かがあるのではないかと考えます。

このように、授業参観することのきっかけは、就学援助対象生徒がどのように授業を受けているのか様子を見てみたいという気持ちからでした。しかし、授業参観はもっと広い意味で、学校にいる事務職員として「何ができるのか」を考える機会にもなり事務職員として学び、成長できる場であると考えるようになりました。また、教員の職を理解することができる場であると考えます。

授業をしている先生は、教員としての専門性を最大限に発揮され、生徒を惹きつける授業を展開されています。その姿に感服しリスペクトします。事務職員としては、毎日毎時の授業が一層充実できるよう教材整備、学習環境の整備に努めたいという思いがより一層ふくらみます。

また、授業参観をするなかで、「安心・安全な学校づくり」は、単にハード面の整備だけではないことに気づくことができました。もちろん、学校施設の維持管理に務めることや危険な箇所の確認、修繕など、子どもたちが安心・安全に過ごすための環境整備は必要です。しかし、それだけではない「安心・安全な学校づくり」は授業中にも意図してなされ、教育活動に反映されていることを知りました。

あるとき授業参観したクラスは、とても雰囲気が良く、先生の問い掛けに多くの生徒が積極的に挙手をしていました。間違えたことを言ったとしても恥ずかしくない、生徒みんなが安心し信頼し合えているクラスだと感じました。このクラスには支援を要する生徒がいましたが、その生徒も積

極的に挙手をして発言するなど活躍していました。授業参観後にベテラン教員とその様子を話し合いました。その教員は、支援を要する生徒について「彼が『居心地がいい』『大切にされている』と感じた時、その他の生徒も同様に感じると思う。その反対の時は、彼のみならず周りの生徒も絶えず緊張しなければならない教室になってしまう。もちろん『彼を大切にする』というのはすべてを彼のペースに合わせることではない。時には彼の発言や行動を『待ってね』と言いながら進めることも必要で、そのあたりのさじ加減が難しいです」と話をされました。彼に焦点をあてながら学級経営や授業展開をされていることは、大変素晴らしいと感じました。また、ベテラン教員は彼を担任する若手教員にもこのノウハウを伝え実践させていました。そしてこのことは、学年の教員全体にも共通認識されていました。「子どもたちと向き合う時間」というのは、単に教員が直接生徒と接する時間のことだけではない、教職員が生徒をしっかりと見つめて理解し、その子に合ったより効果的な指導や支援の方法を話し合う時間も大変重要であること、これらは、いじめのない学校づくりにおいても同様のことが言えること、そのことは「安心・安全な学校づくり」につながることに気づくことができました。

　私は、教員の事務負担軽減を図り「子どもたちと向き合う時間」をどのように確保していくのか、事務職員の立場から考え学校運営に生かしていかなければならないと思いました。

　授業参観は、生徒の様子を見る、知ることができるだけでなく教員の職の素晴らしさも知ることができます。また、学校運営の課題にも気づくことができます。学校生活のなかで、子どもにとっても教員にとっても一番大切にしている「授業」の時間を共有することは、学校にいるすべての職員が「本来すべきこと」なのかもしれません。

❺ 「学校経理の日」の充実と学校予算委員会の活性化

　保護者からの就学援助申請を認定する最終決定者は学校長です。学校長も生徒が持つ背景について情報共有しながら決裁をしていきます。情報共有は決裁時だけでなく日頃から、特に「学校経理の日」を活用して行って

います。

　「学校経理の日」の目的は「各学校の教育の重点と課題と学校経費との関連、また経理関係、物品会計事務上の種々の課題について教職員の理解と認識を深めるとともに、校長を中心とした教職員の創意工夫を活かした予算執行体制の確立を図る」とされています。また、京都市の学校財務事務取扱要綱にも「学校経理の日」を実施することが明記されています。

　毎月１回、管理職や事務職員および関係職員で公金や預り金の執行状況を確認し、前月の課題改善の進捗と現状把握、課題の共有、改善策を検討します。その検討事項等ついては「学校経理の日記録簿」（【資料１】）に記載していきます。経理事務に限らず就学援助についても、就学援助事務の進捗の報告や就学援助対象生徒の様子について共有をしています。就学援助費や生活保護の教育扶助費の扱いについても考えます。もしも預り金に未納があれば、就学援助費を充当することや、要保護生徒の保護者が教育扶助費を教育費以外の用途に使っていることを把握すれば学校は教育扶助費を預かり、その生徒の学用品費や部活動に関することなどに充てていきます。それらの過程について、学校長は積極的に意見を述べ判断をされていきます。

　６月の就学援助継続認定時には、所得額が就学援助の基準額を超えて取り消しとなる家庭があります。その状況は管理職も把握します。所得額が就学援助の基準額を若干超えて就学援助制度対象外となった家庭は、経済的に一番厳しい状況となるのではないか、ということを管理職も事務職員も察します。学校ができることは何なのか、せめてできることは預り金の集金額を抑えること、つまり保護者負担の軽減を図ることであると考えます。このような考えを「学校経理の日」で管理職と事務職員は共有します。ですが、実際に保護者負担軽減を図るためには、授業を行う教員にも理解と協力を求めなければなりません。職員会議や予算委員会で保護者負担軽減を図ることについて提案をしていきます。

　私は学校財務の運営においては、常に就学援助制度をセットで考えています（【資料２】）。学校予算の計画立案では、学校予算編成方針に「保護者負担の軽減を図る」ことを明記しています。教職員が保護者負担軽減を図ることの理解を深めるために、「世帯の所得額が就学援助の基準額をギ

リギリ超えて就学援助制度取消となった家庭は、経済的に改善されたというよりも、就学援助費の支給がなくなり厳しい状況にあると思います」と意見します。また自校の就学援助率、預り金の未納率についても報告をします。預り金の未納については回収する手だてだけを考えるのではなく、保護者にとって納められる集金額となっているのか、私たち自身も振り返る必要があります。そのうえで「学校としてできること」や「保護者負担軽減を図ること」について意見交換します。そして、預り金で購入する教材やワーク等の必要性を確認し、預り金ではなく公費で購入できないか、工夫ができないかを検討します。

　教材やワーク等の必要性については教科担当者を中心に議論することとなりますが、特に、どうしても預り金で購入となる教材やワークについては、真に必要なものなのか、その効果は生徒・保護者に説明できるものなのか十分に検証することとしています。

　公費での購入の検討については、事務職員が中心となって提案していきます。これまで預り金で購入していたものを公費で予算化する際には突発的に「今回だけ公費」とならないよう継続して公費化するための見通しが必要です。評価分析と見通しを持ちながら公費化できることの裏付けを提示しなければなりません。事務職員は、京都市の学校財務に関する制度（【資料3】）を活用しながら検討していきます。

　これらの提案をもとに予算委員会でしっかり議論し、教職員みんなで公金・預り金の次年度の予算計画を考えます。先に述べた預り金で購入する教材やワーク等の必要性については、教科ごとに今年度の公金・預り金の執行内容を提示した「学校予算振り返りシート」を活用し、教科会で議論します。「学校予算振り返りシート」活用の趣旨は、「予算を通して学習効果や今後の取組について検証を行う」「振り返りの結果から次年度の予算を検討する」としています（【資料4】）。

　第2節で、東郷先生から「学校予算の振り返りシート」の活用と公費で購入した「学習支援ソフト」の活用、保護者負担軽減の具現化について報告します。「保護者負担軽減に向けて、学校はどのような工夫ができるのか」。これも教員と事務職員の「協働」なくしては実現できなかったかもしれません。

【資料1 「学校経理の日」記録簿】

京都市立　〇〇中　学校・園長　〇〇　〇〇　㊞

実 施 日 時	平成〇〇年　7月　7日（月）10時00分～11時30分
出 席 者	☑校　　長　　　☑教　　頭　　　□事　務　長 ☑事務職員（　　2名）　□そ　の　他（　　　　　　　　　）

1　先月の課題の進捗

会　計　名：公費	
改善の有無：　改善された☑	改善されなかった□
（内容）	（理由）
体育館センターネット修理完了	
ネット代金　学校予算にて執行　取付工事費　特別申請により配分有	

会　計　名：物品会計	
改善の有無：　改善された☑	改善されなかった□
（内容）	（理由）
理科教材（頭骨標本）保管方法について	
「学校物品活用システム」活用により〇〇小学校，〇〇高校より展示ケースを所管換	
展示ケース運搬は市教委が手配　7月14日搬入予定	

会　計　名：学校預り金（修学旅行費）	
改善の有無：　改善された☑	改善されなかった□
（内容）	（理由）
就学援助費（修学旅行費）学校口座受領後，旅行業者へ未払い分を支払済	
保護者へ決算報告書配付済	

2　学校財務状況の点検

公　金	① i	校内予算の執行確認	P5	校内予算状況資料	☑
	① ii	財務会計システムとの照合	P6	校内予算の各費目計＝歳出予算整理簿	☑
	① iii	資金前渡金の確認	P7	預金通帳＝現金出納簿＝領収書	☑
準公金	① iii	準公金の確認	P7	預金通帳＝現金出納簿＝領収書	☑
預り金	会　計　☑学年費　□給食費　□校外活動費　☑修学旅行費　☑生徒会費 　　　　□PTA会費　□卒業対策費　□その他（　　　　　　　　　　　）				
	② iv	各会計の事務執行の照合	P8	預金通帳＝出納簿	☑
	② v	集金（未納）状況の確認	P9	集金未納者リスト	☑
	② vi	執行（支払）状況の確認	P10	預金通帳＝領収書	☑
郵券等	② vii	郵券等の確認	P11	消耗品台帳＝郵券	☑
備　品	③	備品異動状況の確認	P11	重要物品等の異動状況報告	☑

（裏面へ）

3　今月の課題と改善策

会計名：公費（光熱水費）特に電気代について

課題・改善策：　　エアコンの使用について，前年度の課題改善を活かす。
　　　　　　　　　今，一度確認を行い節電に努める。
　　　　　　　　　① 各教室等のエアコン設定温度の確認を行う。
　　　　　　　　　② 消し忘れがないよう意識する。
　　　　　　　　　③ 個人懇談会時のエアコン使用時は時間差でスイッチを入れ最大需要値を抑える。
実行時期：　　資料①光熱水費執行状況一覧（校内予算管理システムより）
　　　　　　　　②前年度電気使用量,最大需要電力値データ一覧（電力監視測定デマンドシステムより）
校内等への周知方法：①②については明日の職員朝礼　③については次回の運営委員会・職員会議

会計名：公費（小修繕費）

課題・改善策：　　校舎，教室等の安全点検報告よりあがってきた修繕箇所について
　　　　　　　　　窓ガラスにヒビが入っている箇所がいくつかある。
　　　　　　　　　特別教室前のスノコに割れている箇所があった。

実行時期：　　　　窓ガラスのヒビについては，すぐに業者へ連絡し見積依頼を行う。
　　　　　　　　　スノコについては，まずは管理用務員さんに相談し修理できるか確認する。

校内等への周知方法：環境整備ができていないと子どもが落ち着かない状況になる。
　　　　　　　　　修繕箇所が見つかれば安全点検報告を待たずにすぐに教頭・事務へ
　　　　　　　　　連絡することを周知する。

会計名：預り金（未納対策について）

課題・改善策：　　預り金未納のご家庭に対し，懇談会で担任が直接納入依頼できるよう
　　　　　　　　　保護者宛文書・納付書を事務室で準備する。就学援助制度対象外の方で
　　　　　　　　　経済的に厳しい状況を伺ったときには就学援助制度を案内する。

実行時期：　　　　７月中旬の懇談会

校内等への周知方法：預り金・就学援助係会を開催し各学年の未納状況を十分に把握する。
　　　　　　　　　各学年の係から担任へ周知を行う。

4　その他全般に渡っての意見，感想等（学校財務上の課題や情報交換事項含む）

① 旅費執行状況の確認。
② 夏季休業期間中の管外出張について確認。（部活動生徒引率，研究大会参加等）
③ 教材開発研究費について現在執行なし。
　　積極的に教材開発に取り組む意識，取り組める環境が必要でないか。
④ 通級教室での○○さんの様子　個に応じた課題に取り組める環境にある。落ち着いて学習に取り
　　組んでいた。
⑤ ３年○○さん保護者来校　世帯に変更があり就学援助制度申し込みに来られた。（認定済）
　　家庭環境に変化があったことから，生徒の様子を気に留めておく必要がある。（担任把握済）

【資料2 学校財務マネジメント（公金・預り金・就学援助事務年間スケジュール）】

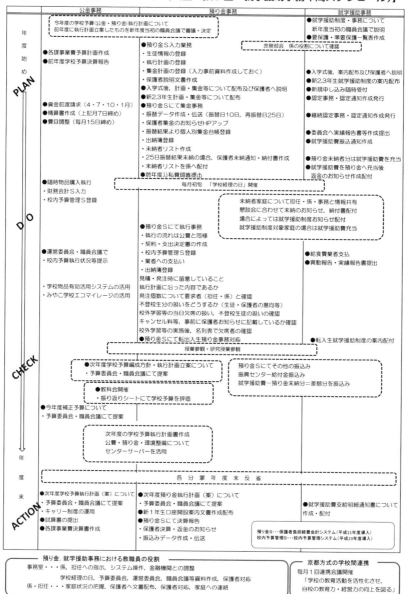

【預り金、就学援助事務における教職員の役割】

事務室・・・係、担任への指示、システム操作、金融機関との調整
　　　　　学校経理の日、予算委員会、運営委員会、職員会議等資料作成、保護者対応
係・担任・・・家庭状況の把握、保護者へ文書配布、保護者対応、家庭への連絡

京都方式の学校間連携
毎月1回連携会議開催
「学校の教育活動を活性化させ、自校の教育力・経営力の向上を図る」

【資料3　京都市の学校財務制度】

学校裁量権の拡大を図り，以下の制度を設けている。

(1) 合算執行

「合算執行事業」については，各予算項目の枠にとらわれず，年間予算の内示額（試算額）の範囲内で，各学校が状況に応じた予算の編成を可能としている。

平成 16 年度から光熱水費をはじめ学校運営費全般に拡大しているが，合算執行事業以外に特定の事業を行うため予算配分された経費は除き，図書整備費は下限を設ける等，教育活動を保障するための必要最低限の制約を設けている。

(2) 費目調整

学校運営予算に関しては，各校が提出した「試算書」に基づいて年度当初に運営予算の配分を行うが毎月 15 日までに申請すれば翌月に費目（節・細節）を変更することを認めている。

これにより，例えば，電気代を節減したことで残額が生じる光熱水費を需用費.（その他）や備品購入費に費目調整し，教材等を購入することが可能になる。なお，本制度は会計上の流用ではなく，全市の学校予算内での配分調整による運用であり，対象は合算執行事業予算のみとしている。

(3) 学校予算キャリー制度

年度末の予算執行が，より密接に学校の教育活動の充実に結びつくよう，申請により一定の範囲内で，翌年度に繰り越して執行できるようにしている。これにより，年度末の駆け込み・使い切り執行を避け，学校の実情に対応した教育活動の整備等の充実に充てることができるようになった。

(4) 学校物品有効活用システム

各学校で貸出や譲渡が可能な物品をシステムに登録し，互いに貸出や所管換が行えるようにしているシステムである。

(5) みやこ学校エコマイレージ

環境に関する実践・成果を基にポイントを付与し，各学校からの申請により1ポイント当たり 10 円相当額を学校予算として追加配分している。ポイントの付与は，光熱水費の削減や学校物品有効活用システムの利用によって行っている。

【資料4　平成〇〇年度　学校予算　振り返りシート（中間期）】

振り返りシートの趣旨
・予算を通して学習効果や今後の取組について検証を行う
・振り返りの結果から次年度の予算を検討する

振り返りシート記入方法
・「効果について」には1～5のいずれかに〇をする
・必要に応じて太枠部分に記入する

効果について	
	1: 教育効果が高い
	2: 教育効果がやや高い
効果について	3: どちらとも言えない
	4: 教育効果がやや低い
	5: 教育効果が低い

教科	理科
主任	〇〇　〇〇
教科会開催日	11月　〇日

〇年度予算	293,892
執行額(11/〇現在)	211,419
残　額(11/〇現在)	82,473

11/〇現在の予算執行状況

No.	大項目	小項目	品名	数量	単位	単価	合計	効果について					コメント
413843	教科・領域	理科	放電式タイマー用記録紙(5本入り)	4		2,850	11,970	①	2	3	4	5	
418443	教科・領域	理科	オオカナダ藻	2		1,000	2,100	①	2	3	4	5	
422417	教科・領域	理科	霧箱実験セットTK用ガラス板	1		2,000	2,100	①	2	3	4	5	
422490	教科・領域	理科	酸化銀25グラム	3		7,000	22,051	1	2	③	4	5	検証記載有
422490	教科・領域	理科	炭酸水素ナトリウム500グラム	1		800	840	①	2	3	4	5	
422490	教科・領域	理科	炭酸ナトリウム500グラム	1		1,500	1,575	①	2	3	4	5	
422490	教科・領域	理科	銅線0.5mm10cm	1		570	598	①	2	3	4	5	
422490	教科・領域	理科	酸化銅500グラム	1		3,000	3,150	①	2	3	4	5	
422490	教科・領域	理科	塩化コバルト紙	1		1,280	1,344	①	2	3	4	5	
422490	教科・領域	理科	ケント紙0.15mm100枚	1		890	934	①	2	3	4	5	
436618	教科・領域	理科	チャッカマン	12		240	3,025	1	②	3	4	5	検証記載有
436618	教科・領域	理科	三角定規	10		130	1,365	①	2	3	4	5	
436618	教科・領域	理科	安全カミソリ　片刃　10枚	2		300	630	①	2	3	4	5	
436618	教科・領域	理科	虫眼繰り出しルーペ　×10	10		640	6,720	①	2	3	4	5	
436618	教科・領域	理科	食紅　赤　緑　黄	3		200	630	①	2	3	4	5	
436618	教科・領域	理科	エタノール　3L	1		8,000	8,400	①	2	3	4	5	
436618	教科・領域	理科	ガスボンベ　3本	2		300	630	①	2	3	4	5	
436618	教科・領域	理科	ろ紙　No.2　11cm	10		700	7,350	①	2	3	4	5	
436618	教科・領域	理科	ドライバー　プラスNo.2	2		420	882	①	2	3	4	5	
436618	教科・領域	理科	酸素ボンベ	6		540	3,402	①	2	3	4	5	
436618	教科・領域	理科	水素ボンベ	6		595	3,748	①	2	3	4	5	
436618	教科・領域	理科	薬包紙　中	2		930	1,953	①	2	3	4	5	
436618	教科・領域	理科	鉄粉　325メッシュ　500g	1		2,000	2,100	①	2	3	4	5	
452454	教科・領域	理科	メダカ	30		23	725	①	2	3	4	5	
452454	教科・領域	理科	BTB溶液500ml	1		2,000	2,100	①	2	3	4	5	
452454	教科・領域	理科	ベビーポンプ	12		130	1,638	①	2	3	4	5	
452454	教科・領域	理科	試験管18mm50本入	1		3,100	3,255	①	2	3	4	5	
452454	教科・領域	理科	カミソリ刃10枚入	2		300	630	①	2	3	4	5	
452454	教科・領域	理科	枝付き針	13		190	2,593	①	2	3	4	5	
469312	教科・領域	理科	シリコン管　3×5mm　長さ1m	1		453	453	①	2	3	4	5	
469312	教科・領域	理科	シリコン管　5×7mm　長さ1m	1		538	538	①	2	3	4	5	
481876	教科・領域	理科	電子オルゴール	10		300	3,150	1	2	③	4	5	検証記載有
490888	教科・領域	理科	電極板ホルダー10枚	1		1,700	1,700	①	2	3	4	5	
490888	教科・領域	理科	炭素棒5*100mm10本	1		3,780	3,780	①	2	3	4	5	
490888	教科・領域	理科	金属板セット4	1		10,560	10,560	①	2	3	4	5	
490888	教科・領域	理科	細口試薬びん無色	30		740	22,200	①	2	3	4	5	次年度に向けて記載有
490888	教科・領域	理科	使い捨てライター	10		340	3,400	①	2	3	4	5	
517344	教科・領域	理科	透視天球儀ケニス	2		33,600	67,200	①	2	3	4	5	
								1	2	3	4	5	

学習支援ソフトの活用について

・活用している場合、活用方法や効果等について記載をしてください。

・問題集では持って来させても忘れ物でできなかったり、使いたい時にうまく使えないことがあったが
学習支援ソフトプリントを使うことにより使いたい時に配布し、授業内で活用できるのでよい。

・少し問題がやさしい、不要な問題もまれにある。

・同じようなシステムで他の教材はないか、あれば検討していきたい。

・活用していない場合、活用しない理由について記載をしてください。

検証事項等

・チャッカマンに関して、もっと安く購入できないか検討中

・電子オルゴールに関して現在作られているものは少しの電流では音が鳴らないものとなっている。
それに代わるものの検討が必要である。

・他校が使わなくなった備品などを、いただく制度はとても良く、十分活用させてもらっている。
このような取り組みをこれからも続けたい。

次年度に向けて

・試薬びんに関して、理科準備室の環境整備として、薬品の整理に力をいれていきたい。
薬品を小分けにして作っておき、すぐに取り出せるようなものにしていく。
このことにより教材準備や教材研究を効率よく行えると考える。また、その他にしても整理をしっかり心がけていきたい。

❻ 事務職員として成長できた「京都市の就学援助制度」

　就学援助の認定権限が学校長へ委譲されたことで、私は事務職員として職務の幅を広げる一歩を踏み出すことができました。就学援助の認定事務では、世帯の所得を間違いなく計算し、不備のない実務をすすめていくことで達成感や責任感が生まれました。適正な実務をすすめるために、場合によっては保護者と連絡をとり合ってじっくりと話を聞きます。そのことは経済的に厳しい家庭の実情を知ることとなりました。日頃は授業参観することで教員と生徒の話をすることが増えていきます。この生徒が卒業するまでにつけたい力はどのようなものなのか、教員が考える学習支援、進路保障について事務職員も共有しながら、学習環境をより良くしていきたいと考え行動します。これらの行動から私は、事務職員としての真のやりがいや使命感が生まれたように思います。以前、学校事務法令研究会（川崎雅和会長）の学習会で、学校事務職員として「事務をつかさどる」ためには、「公共的使命の自覚」が極めて大切であることを学びました。

　また、行動する時には、事務職員ひとりではなく教員との連携・協働が不可欠であることを、東郷先生をはじめとした多くの教員や、これまでご一緒した管理職から学ぶことができました。私は、これからも子どもたちの学びを支援し守り育てるという使命感を持って、教員と連携・協働し、

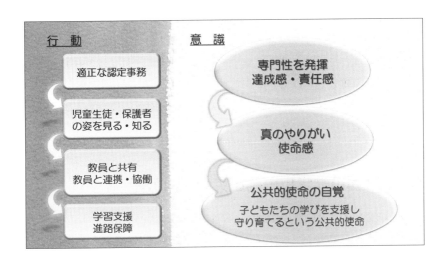

子どもたちの学習支援や進路保障に努めていきたいと思います。

❼ 学校事務職員の役割と標準職務

　全市的に、就学援助制度がどのように運用されて学校運営や教育活動に影響を与えていたのかを報告します。

　就学援助の認定権限が学校長に委譲され、就学援助認定の可否を速やかに保護者へお伝えし安心していただけることは良かったのですが、学校の負担が大きいとの声を耳にすることがありました。学校事務職員の標準職務には「就学援助に関すること」とありますが、すべての事務職員が主体的に就学援助事務を務めている状況にはありませんでした。特に認定事務に事務職員が関わっていない場合は教員の負担は大きいです。

　また、就学援助事務が適正に遂行されているか教育委員会が調査等を行う場合があります。その調査過程において「認定可能ではない家庭が誤って認定されている」との事例があると、支給していた就学援助費をさかのぼって保護者から返戻を求めることとなります。保護者に返戻を求めることは、保護者にとっても学校にとってもつらく厳しい話となります。認定責任者として学校長は、大変責任ある立場であることを改めて痛感します。また、事務職員の異動によって校内の体制や就学援助事務の流れが変わってしまうといった課題も出てきました。しかし、認定権限が学校にある以上、就学援助事務を適正に遂行し説明責任を果たしていかなければなりません。そのためには校務分掌上において就学援助担当に事務職員を位置づけ、組織の改善を図っていくことや教職員の就学援助制度の理解と認識を深めることが重要となってきました。

　このような状況は、京都市立学校事務研究会も全市的課題として受け止めその解決について考えていきました。

❽ 「京都市立学校事務研究会」の取組

　事務研究会では「就学援助制度・京都市の就学援助事務」について研究を深め実践し、提案を行っていきました。事務職員が主体的に就学援助事

務を行うことの効果の共有と推進、就学援助ソフトの開発、校内研修の充実を図るための手だての共有、「教職員で取り組む就学援助制度ハンドブック」の作成などに取り組みました。また、事務研究会の自主研修会では学校事務法令研究会の川崎会長から「就学保障に関する制度について」講義いただき、東郷先生から「豊かな進路実現をめざして」〜チームで取り組む就学保障〜について実践報告をいただきました。研修会後には、事務職員から以下のような感想を聞くことができました。

「就学を保障する諸法令を学ぶことで、就学援助制度が持つ課題を理解し、学校がプラットフォームとなるために事務職員として関わっていきたいと考えた」

「実務を優先しがちですが、根拠となる法や制度の背景を知ることができ、就学援助事務に対する意識が変わった」

「就学援助対象生徒を深く見守る姿勢は、教員だけではなく事務職員も忘れてはいけないことだと再確認できた」

「私も事務職員の立場でできることを考えていきたい」

「就学援助を事務職員が担当するということは、単に認定書類を管理し、預り金の未納に就学援助費を充当することだけではないと感じた」

「教員と事務職員が協力し合い、子どもが成長できるように働くことの大切さと素晴らしさを感じた」

等々、大変心強い声を聞くことができました。この研修会を通して学んだことは各校において実践し、子どもたちへ還元されていることを期待します。

❾ 「学校事務に係る学校間連携」の取組

京都市の「学校事務の学校間連携」は、平成28年度から全市で展開しています。学校間連携は中学校区をベースとしたブロック単位で学校間連携ガイドラインに示された目的に沿って各ブロックの課題に応じた取組をすすめています。

「学校の事務体制及び事務機能の充実を図る」取組のひとつとして、就学援助の認定事務を相互点検しているブロックがあります。ブロック内の

事務職員は、すべてのブロック校に兼務発令を受けていますので、当事者意識を持って取組を進めることができます。私も松原中学校在籍中には、松原中学校区の2小学校と近隣校の夜間部がある洛友中学校、全4校の事務職員と一緒に「学校事務に係る学校間連携」に取り組んでいました。就学援助認定事務の相互点検を通して、夜間部に通う生徒さんの経済的な厳しさをブロックメンバーで知ることができ、生涯を通して学んでおられる生徒さんの姿勢に私たち自身も学ぶところがたくさんありました。

ブロックで就学援助事務に取り組むことで、例えば、経験の浅い事務職員も主体的に就学援助事務に取り組むことができます。このことは学校運営の改善にもつながります。

就学援助認定事務の相互点検では各校にいる児童生徒の背景を知る機会となり、ブロック会議においても保護者負担軽減や効果的な予算執行について積極的に意見交換をしています。

また、就学援助制度の重要性を教員にもしっかり理解してもらいたいことから小学校・中学校の教職員合同で事務職員が講師となって研修会を開催しています。京都市立学校事務研究会が作成した「教職員で取り組む就学援助制度ハンドブック」を活用し制度と運用の説明や、日頃から子どもを見ている教員の役割、小学校・中学校合同ということで中学校区単位の就学援助率を提示し、地域性や課題も共有し、就学援助制度の重要性を認

「学校事務の学校間連携」の取組

【学校事務に係る学校間連携ガイドライン】

<u>学校間連携の目的</u>

〇学校の教育活動を活性化させ，自校の教育力・経営力の向上を図ります。

- ・事務職員の標準職務の完遂と学校経営への参画を目指す。
- ・学校の事務体制及び事務機能の充実を図る。
- ・若手事務職員の育成（OJT）を図る。
- ・緊急時のサポート体制の確立を図る。
- ・教員（主に教頭）の事務負担の軽減を図る。

学校間連携は中学校区をベースとした（幼稚園を含む）ブロック単位で取り組みます。各ブロック内の事務職員が共通の目的や目標を設定し、それに向けてメンバー全員が協働で取り組む組織です。メンバーには連携校の兼務発令を受け当事者意識を持って取り組みます。

識します。このような取組は他のブロックでも展開されています。

　学校間連携においての就学援助事務の取り組み方は、もしかすると京都市独自のものがあるのかもしれないと思いました。学校間連携の取組が始まった頃は、就学援助認定事務の相互点検だけであったのが、年々取組がすすむにつれて内容的にも広がりをみせてきました。「就学援助制度を周知するうえで保護者にとってよりわかりやすい説明とはどのようなものだろうか」、「就学援助制度を必要とされている家庭に漏れなく行きわたるようにするためにはどうすればよいのだろう」、「就学援助対象のご家庭に向けての文書は、わかりやすい内容となっているだろうか」といった視点を持ち、小学校・中学校間で統一した保護者向け文書の作成に取り組むブロックもあります。また保護者対応についても小学校・中学校をまたいで兄弟姉妹がいれば、共に同じ方向で話ができるよう、例えば預り金の未納に就学援助費を充当したい旨の説明や連絡のタイミングを合わせたりしています。また、就学援助が認定されている家庭であっても世帯の状況に変更があった時には、例えば離婚や再婚等があった場合は、就学援助制度は「世帯の変更により取消」となります。保護者へ連絡をとり、取消となっても状況によっては新たな世帯で新規申請していただけることを案内します。このように児童生徒に何か変化があったことを察した時には、ブロックの事務職員間で情報を共有し、各校で漏れのない適正な就学援助事務へとつなげていきます。また、小学校・中学校に兄弟姉妹がいなくても小学校の児童は、いずれブロックの中学校に行くと思うと、小学校の状況をブロック会議で共有しておきたいことがさらに増えていきます。特に家庭環境が心配な児童生徒の情報については各校に持ち帰り、管理職や教員とも共有し、今後の取組につなげていきます。

　学校事務に係る学校間連携の取組は、ブロックにいる事務職員全員が就学援助の認定事務が適正になされているかのチェックだけに限らず、児童生徒、保護者に寄り添った就学援助制度の運用や、児童生徒の家庭環境とその背景を見ていく、共有していく、といった意識が生まれたように思います。

　ここまでの取組につながったのは、京都市の就学援助制度、就学援助事務の入り口である学校長認定が大きいのではないかと考えます。あわせて

「学校事務の学校間連携」の取組

就学援助認定事務の相互点検

・各校において事務職員が主体的に認定事務に努めていく
　⇒学校運営体制の改善
・各校にいる児童生徒の背景をブロックメンバー全員が知る
　⇒保護者負担軽減について考える。効果的な予算執行について意見交換
・就学援助制度の重要性を教員もしっかりと理解してほしい
　⇒「就学援助制度について」事務職員が講師となって教員向けに研修会開催

就学援助事務運用の改善

・保護者にとってわかりやすい，必要な家庭に必要な制度が行き届くように
　⇒就学援助に関する保護者向け文書の改善，丁寧な保護者対応
・認定事務を終えてからも世帯の状況把握・密な情報交換
　⇒情報収集したことは各校の教職員と共有

児童生徒・保護者に寄り添った就学援助制度の運用

　⇒ブロックにいる事務職員が，自校に限らないブロックにいる子供たちの背景
　　を共有しながらブロックの取組を進めていく

「学校事務に係る学校間連携」の取組を通して生まれた、事務職員間の連携・協働の結果であると考えます。

❿ 今後の展開を考える

　京都市の教育行政と学校事務をつなげて今後の展開を考えてみました。
　教育委員会はさまざまな「制度」を構築し学校長に権限を持たせています。ここでいう制度や権限は、就学援助制度における認定権限に関することだけでなく学校財務全般にわたります。それによって、就学援助制度が意図する「経済的理由により就学が困難な世帯に対する援助」の、真の目的へと近づくことができるのではないかと考えます。就学援助対象児童生徒の抱える課題は、就学援助費を支給して、それですべてが解決できるわけではありません。学校は、保護者負担の軽減に努めることや子どもたちがしっかりと学べる学習環境整備に努めなければなりません。そのためには、学校長の裁量を生かした自律性ある財務マネジメントが必要となります。財務マネジメント力が向上することは、学校の教育力・経営力の向上にも貢献し、学校の課題に応じた教育活動、特色ある学校づくりの展開につなげることができます。
　学校事務職員の研修では、学校事務の基礎基本はもちろんのこと、学校

事務職員がそれぞれの学校にいる存在意義が考えられる講義内容を展開していきます。第2節で東郷先生から学校事務職員研修会の学びが事務職員にどのように響いているのか報告されています。そのなかで「自分の仕事に誇りを持てる学校事務職員」について語られています。どのような仕事においてもこれは大切な観点です。このことは研修会での学びの場から学校での実践の場へと生かされていきます。

　学校事務に係る学校間連携は、前述したように各校の就学援助事務を大きく前進させたのではないかと思います。学校間連携の取組によって複数の事務職員、つまりはチームで世帯を把握することで、その世帯に必要な支援を検討していけるのではないかと考えます。その延長線上には例えば、小学校・中学校が連携した中学校区で、地域に開かれた子どもの貧困対策のプラットフォームの役割が果たせないか、「子供の貧困対策に関する大綱」（令和元年度）に示されているような教育の支援に関する施策につなげることができないかなど、そのようなことも考えます。

　事務研究会は、全国的な学校事務の動向を鑑みながら、全市的課題にも目を向けます。課題解決に向けた取組の提案と実践は、全市の事務職員で展開し、子どもたちの豊かな学びと育ちの支援につなげていきます。志を同じくした仲間との学び合いは、日々の職務に活かしていきます。

　学校においては、授業参観、行事参観等、直接子どもの姿を見ること、知ることができます。教員と子どもの話がいっぱいできる環境を強みとして、教職員と共に学校にいる事務職員としてできることを考え行動します。私たちは未来に目を向け、どこの学校にも公共の使命感あふれる学校事務職員が存在し、経済的困難を抱えた子どもの就学・学習支援に重点をおいた教育活動をこれからも展開していきたいと考えています。

　次に、教員と事務職員の「協働」による教育活動の展開を東郷先生から報告いたします。

　東郷先生は、常に子どもたちの姿を真ん中にして、教員がすべきことと事務職員がすべきことを互いに認め合い、教職員が一丸となって取り組むことを発信し、「協働」へと導いていました。時には厳しい姿もありました。しかし、その厳しさは「協働」への第一歩であったことを、今回これまでの実践を振り返り、まとめていくなかで気づくことができました。

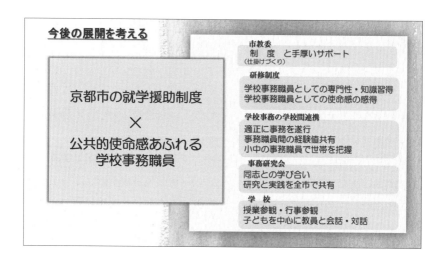

「協働」の成果は、子どもたちの姿へとつながっていきます。

第2節 | 協働による学習支援と 進路保障

❶ 協働のはじまり　百円ショップのフォトフレームから

　第2節では、教員と事務職員の協働によってどのように学習支援と進路
保障に取り組んできたのかについて、東郷より報告します。その前に少し
自己紹介をします。私は現在、京都市立洛北中学校に教頭として勤務して
います。生徒数は八百数十名で、いわゆる大規模校です。私は本校へ11年
前に事務職員（当時）の水口真弓さん（本章第1節執筆担当）と一緒に異
動してきました。さて、ここからは「協働」をひとつのキーワードとして
いますが、私が「協働」というものを初めて意識したのは次のような出来
事からでした。

　今から10年前のことです。私が1年生の学年主任をしていた時、ある取
組でフォトフレームが学級数分だけ必要になりました。百円ショップで買
えるものでよかったので、大した金額でないという理由と、わざわざ事務
職員さんの手を煩わすのは申し訳ないという気持ちで、自分のポケットマ

ネーで購入してしまいました。後日その取組のことについて、自費で購入したことも含めて水口さんに報告しました。私はてっきり「素敵な取組ですね！」と喜んでもらえるものと思っていましたが、予想に反して水口さんは少し残念そうな表情をされたのです。そしてこう言われました。「あー、事前に相談してくれはったらよかったのに…」。私はその言葉の意味をすぐに理解することができませんでした。私はこの出来事をきっかけに、水口さんが事務職員としていかに責任感とプライドを持って仕事をされているのかということを知ることができました。そして、事務職員と教員が力を合わせれば面白い取組が展開できるのではないかと考えるようになったのです。いや、もっとシンプルに言うと「この人と一緒に仕事がしたい、一緒に学校をつくっていきたい」と思ったのです。今から思えばこの時から「協働」が始まったのです。

　さて今からご報告する学習支援や進路保障については、ここで述べる取組が決してオンリーワンの答えではありません。学校ごとにいろいろな取組スタイルがありますし、協働の形態もさまざまです。私はたまたま水口さんと出会って多くのことを教えてもらいましたが、人それぞれに出会いやきっかけもあるはずです。ただひとつ言えるのは、互いに強み（＝専門性）を持っている者同士だからこそ、つながり合いたい、一緒に仕事がしたいと思えたのです。事務職員も教員も、まずはそれぞれ自分のやるべき仕事を責任を持ってやり切るだけの力が必要です。協働というのは、互いの弱点を補い合うのではなく、互いの強みを足し合わせていくものではないかと思うのです。

❷ 進路保障とは

　中学生の学習支援を考える時、やはり気になるのは3年生の進路指導です。進路指導は「出口指導」ではありません。「どこの高校に行ったか」という結果のみが大事なのではなく、高校の3年間を生き抜いていく力をつけられたかどうか、これからの人生をしっかり歩いていく自信が持てたかどうかが大切なのです。あとでも詳しく述べますが、文部科学省の調査によると高校中退の理由で最も多いのは学校生活・学業の不適応です。な

かには自分のやりたいことを見つけ、より充実した生き方のために高校を中退する生徒もいます。なので、中退のすべてがだめだと言うわけではありません。が、やはり中退の多くは本人にとって不本意なものです。勉強についていけない、友人関係がうまく築けない、高校に行く意欲が湧かないなど、理由はさまざまでしょう。いずれにしてもそれらの困難を乗り越えて、高校３年間を自信を持って頑張りとおせる力をつけること、これが進路保障だと思うのです。以前、偶然通りかかったある中学校で、次のような言葉が書かれたポールが校門に立っているのを見たことがあります。「自覚を持ってこの門から入り、自信を持ってこの門から出なさい」。なんて素敵な言葉だろうと思いました。毎日の登校時、下校時の心構えを示したものとも読めますが、３年間の中学校生活全体のなかで「中学生としての自覚を持って入学しなさい。そして３年後には胸を張って自信を持ってここを巣立っていきなさい」とも読めます。

　私が以前担任したある女子生徒は、卒業前にこんな手紙をくれました。一部を紹介します。「私は中学に入ってから友だちとの人間関係についてずいぶん悩み自分自身が嫌いになりました。しかし３年生になって、みんなと学校祭の取組をしながら楽しいなと思いました。そして私はもっと頑張れるんじゃないかと思いました。行きたい高校も見つかり合格することもできました。私はこの３年間で自分に自信がつきました。高校でも私はきっと頑張れると思います」。この手紙の中にある「高校でも私はきっと頑張れると思います」という言葉…とても力強い言葉です。やはり私たちがすべての子どもにつけてあげたい一番の力は「自信を持って生きていく力」なのです。

　どうしたら自分に自信を持てるようになるのでしょうか。そのための進路指導とはどのような指導なのでしょうか。子どもの状況や課題はひとりずつ異なりますので、こうすれば必ずうまくいくという絶対の答えはありません。ただ確かなのは、自信というのは頑張った経験からしか生まれないということです。何もせずに自信が生まれることはありません。勉強や部活動、生徒会活動、学校行事など、学校には子どもたちの頑張る舞台がたくさんあります。そんな舞台で子どもたちがさまざまな経験を重ね、自分の未来や夢に向かって一歩ずつ努力する姿を私たちは応援していきたい

と思います。ところが、なかには地道に努力することから目を逸らそうとする生徒もいます。「もうオレどうでもいいねん」、「ほっといてほしいわ」…この言葉をつい口にしてしまう生徒こそ、私たちが手を離してはいけない生徒です。「オレどうでもいいねん」…その言葉から「オレも本当は頑張りたいねん」という呟きを感じとれないなら、「ほっといてほしいわ」という言葉から「この手を離さないで！」という叫びを聞いてやることができないなら、一人一人を大切にした進路指導はできません。自分の進路と向き合うことは多くの中学生にとって初めての経験です。自分の未来が決して明るく楽しいことばかりでないことは子どもたちだってよく知っています。だから自分の未来と向き合うことは怖くもあるし、悩むこともあります。そんな子どもたちの思いに寄り添いながら最後までつないだ手を離さず、卒業というゴールテープを切る日まで一緒に歩き続ける、そんな気持ちで進路指導に取り組みたいと思います。最後まで歩き通した子どもたちには歩き通したという事実が残ります。そしてその事実こそが未来を生きる自信につながっていくと思うのです。

❸ 就学援助生徒に焦点をあてる意味

さてここからは、就学援助生徒に焦点をあてた取組について記していこうと思います。そもそもどうして彼らに焦点をあてるのかについて考えてみます。先ほど進路指導の話をしましたが、次の3つの条件がそろった場合、進路保障が難しくなることがあります。ひとつは生徒の学力不振です。2つ目は家庭の教育力に課題がある場合です。3つ目は家庭が経済的に厳しい場合です。これら3つは互いに無関係ではないため、3つともそろってしまうケースが珍しくありません。またそれが就学援助生徒にあてはまることが少なくありません。つまり就学援助生徒は、「保護者の経済的な困難」だけではなくさまざまな困難を抱えながら進路に立ち向かっていることが多いのです。

以下、本校の生徒全体と就学援助生徒のデータを比較し、そこからみえてくる課題について考えていきます。その前にひとつ確認しておきたいことがあります。それは、これから示すさまざまな課題や困難が、就学援助

生徒すべてにあてはまるわけではないということです。彼らのなかにも家庭環境や学習成績などにかなりの幅があることを念頭においてお読みいただければと思います。また、文部科学省の最近の資料では、京都府の就学援助率は約19％ですが、本校はこれよりやや少ない割合となっています。

（1）全国学力学習状況調査の質問用紙からみえる家庭の教育力の格差

　３年生の担任をしていると、子どもの進路に関して無関心ではないかと思える保護者に出会うことがあります。家に電話をしても出てもらえない、家庭訪問をしてもなかなか保護者が出てきてくれない、やっと会えても「この子の人生はこの子のものです。親が何を言っても無駄ですよね」などと言われてしまうこともあります。このような場合、私たちは保護者の思いや願いをくみ取ることが非常に難しくなります。子どもたちは家族に心配をしてもらったり励ましてもらったりしながら、希望の進路を実現するための壁を乗り越えていくのですが、そういう環境にない子どもたちもいるのです。

　過去の全国学力学習状況調査の質問紙の回答を見ると、家庭生活の様子と学力との相関がみえてきます。例えば過去の本校のデータからは、特にゲームをする時間、メールやインターネットをする時間、テレビを見る時間が長いほど正答率が低くなる傾向が顕著でした。家庭学習時間の長さについても学力との相関が大きく表れていました。また読書は好きか、朝食は毎日食べるかについても学力との相関が大きかったのですが、それらについて本校生徒の結果をまとめたものを次に示します（表中のA層は正答率上位20％群、C層は下位20％群、B層はその間の60％の生徒です。また小数第一位を四捨五入しているため合計が100％にならない場合があります）。

「読書は好きか」

	A層	B層	C層
好き	61％	37％	18％
どちらかといえば好き	29％	27％	16％
どちらかといえば好きではない	2％	23％	35％
好きではない	8％	12％	31％

　「好き」と「どちらかといえば好き」を合わせると、Ａ層で90％もあるのに対して、Ｂ層では64％、Ｃ層では34％しかありません。さらにここに就学援助生徒のデータを重ねると次のようになります。

	Ａ層	Ｂ層	Ｃ層	就援生徒
好き	61％	37％	18％	34％
どちらかといえば好き	29％	27％	16％	29％
どちらかといえば好きではない	2％	23％	35％	17％
好きではない	8％	12％	31％	20％

　朝食を毎日食べているかという質問についても同様にまとめてみました。

	Ａ層	Ｂ層	Ｃ層	就援生徒
食べている	90％	77％	61％	71％
どちらかといえば食べている	6％	12％	12％	5％
どちらかといえば食べない	2％	7％	12％	15％
まったく食べない	2％	3％	16％	10％

　「まったく食べない」と「どちらかといえば食べない」を合わせると、Ａ層では４％、Ｂ層では10％しかないのに対して、Ｃ層では28％、就学援助生徒では25％もあります。

　これら２つの表から、就学援助生徒の傾向がＢ層からＣ層の傾向に近いことがわかります。朝食を食べなかったら成績が落ちるとか、読書をすれば成績が上がるとか、もちろんそんな単純な話ではありません。しかし、朝食にしても読書習慣にしても、生徒の育っている家庭環境と関係が深い項目です。それは保護者の教育力と言い換えることができるかもしれません。また保護者の経済力とも無関係ではないでしょう。子どもたちの学力はこれらの影響を受けていることは間違いないと思います。ちなみにこの年の調査で本校３年生の正答率を見ると、就学援助生徒の平均値とそれ以外の生徒の平均値との間には、各教科約10ポイントの差があったことも付け加えておきます。

（2）評定結果からみる学力格差

　先ほど全国学力学習状況調査における就学援助生徒とそれ以外の生徒の正答率の差について少しふれましたが、次は学校の評定から学力格差をみ

てみようと思います。

　中学校は各教科５段階で評定をつけますので、９教科で合計45になります。本校のある学年の生徒について、１年生の時から３年生まで学年末評定の合計を追跡してみました（小数第一位を四捨五入していますので、合計が100％にならない場合があります）。

１年生の時の学年末評定

評定合計	就学援助生徒	それ以外の生徒
36以上	12%	18%
27以上	47%	48%
18以上	35%	32%
17以下	7 %	2 %

↓

翌年２年生の時の学年末評定

評定合計	就学援助生徒	それ以外の生徒
36以上	9 %	18%
27以上	53%	55%
18以上	30%	26%
17以下	7 %	2 %

↓

さらに翌年３年生の時の学年末評定

評定合計	就学援助生徒	それ以外の生徒
36以上	21%	29%
27以上	42%	47%
18以上	35%	23%
17以下	2 %	2 %

　上の数字からもわかるように、１年生の時から明らかな差があります。そしてそれが３年生まで続いています。高校の受験指導をする時、私たちはよくオール３（評定合計27）をひとつの目標にして子どもたちを励ますことがありますが、就学援助生徒のうち約４割の子どもたちがそれに達していないのです。学校の成績が良くなくても当日の入試で頑張ればいい

じゃないかと考えられる保護者の方も時々いますが、実際にはそう簡単にはいきません。入試制度についてここでは詳しくふれませんが、公立高校も私立高校も、中学校の評定と当日のテストの点数の両方を加味して合否が決まります。京都の公立高校では中学 1 年生から 3 年生までの学年末評定が加算されますし、多くの私立高校は 3 年生 2 学期の成績で推薦基準を満たしているかどうかが判断されます。つまり中学校の評定によって進路選択の幅が大きく制約されてしまうことが多々あるのです。

　このように中学校の評定が高校受験にも直結するわけですから、就学援助生徒の進路実績がどうなっているのか大変気になるところです。次に詳しく見てみます。

（3）進路実績の格差

　ある年の本校の進路実績です。

	国公立 全日制	私立 全日制	定時制 通信制	特別支 援学校	就職	未定
就学援助生徒	59%	30%	5.4%	0	2.7%	2.7%
それ以外の生徒	58%	41%	0	1.0%	0.5%	0

　次の表は別の年の進路実績です。

	国公立 全日制	私立 全日制	定時制 通信制	特別支 援学校	就職	未定
就学援助生徒	43%	49%	4.3%	4.3%	0	0
それ以外の生徒	61%	36%	2.6%	0.9%	0	0

　これらの表から、就学援助生徒のどのような課題がみえてくるでしょうか。修学支援制度が充実してきたことで、就学援助生徒も私立高校に進学することが増えており、国公立と私立の割合だけではあまり差は見られません。ところが国公立と私立を合わせて全日制高校全体に進学する生徒の割合に注目すると、就学援助以外の生徒がほぼ100％であるのに対して、就学援助生徒は約90％です。就学援助生徒が選ぶ進路先には、定時制高校や通信制高校の割合が比較的大きくなっているのです。これは毎年みられる傾向でもあります。

　もちろん定時制高校や通信制高校がだめだということでは全くありませ

ん。最近は子どもたちの特性に合わせた定時制高校が増え、特色のある教育を展開している通信制高校もたくさんあります。またそこで活躍している子どもたちもたくさんいます。それでもやはり気になるのは、定時制や通信制に進学する生徒のなかには、その高校が第一志望ではなかったというケースが少なくない点です。

　そのこととも関係していると思うのですが、定時制、通信制高校は全日制に比べて中退者が多い傾向があります。少し古いデータですが、平成23年度文部科学省調査によると、定時制高校に入学した生徒の中退率は11.6％です。高校全体の中退率が1％台（平成29年度文部科学省調査では1.3％）であることを考えると、非常に高い割合となっています。

　また不登校生徒の割合も全日制に比べて非常に高く、そのことも大変気になります。高校中退と就学援助生徒の関係について、次に詳しくみてみます。

（4）高校進学後の中退率の格差

　高校に入れたら進路指導はおしまいというわけではありません。私たちは、子どもたちが中学校を卒業する時には自信を持って高校など次のステップでも活躍してほしいと願って送り出します。ところがその願いも届かず、残念ながら中退してしまう生徒もいます。なかには自分の新たな目標が見つかったために高校を中退して進路変更をする生徒もいますが、それは少数です。ほとんどは不本意なかたちでその決断をします。すでに述べましたように、ここ数年、高校の中退率は1％台で推移しています。理由で多いのは、「学校生活・学業の不適応」と「進路変更」です。

　3〜4割の生徒が理由に挙げる「学校生活・学業の不適応」についてですが、文部科学省の調査によると、この理由で退学する生徒の多くは「もともと高校生活に熱意がない」、「人間関係がうまく築けない」、「授業に興味がわかない」と答えています。また中退した生徒の3割が留年を経験しており、その多くが「留年も中退の引き金になった」と答えています。

　就学援助生徒とそれ以外の生徒の高校中退率の格差について考えてみます。まず気になるのは、経済的な理由による中退はどれくらいかという点です。ところがこれは、すべての中退者のうち1.8％にすぎないのです。

平成22年度に始まった高等学校等就学支援金制度の成果もあって、経済的
理由による中退は以前に比べて減少傾向にあります。ところが次の表をご
覧ください。

	生活保護世帯	全世帯
高校進学率	93.6%	99.0%
（そのうち全日制高校）	(67.1%)	(91.2%)
（そのうち定時制高校）	(10.9%)	(1.9%)
（そのうち通信制高校）	(6.7%)	(2.3%)
就職率	1.3%	0.3%
高校等中退率	4.1%	1.4%
大学、専修学校等進学率	35.3%	73.0%

　これは生活保護世帯については厚生労働省が、全世帯については文部科
学省が調査した結果で、いずれも平成28年のデータです。生活保護世帯と
全世帯との格差が予想以上に大きいことに驚きました。生活保護世帯は定
時制・通信制高校へ進学する割合が高いことは、「（3）進路実績の格差」
で述べた本校の進路実績とも重なります。

　さらに注目したいのは高校等中退率の差です。せっかく入学した高校を、
生活保護世帯では毎年4.1％もの子どもたちが中退しているのです。全世
帯の中退率の約3倍で、とても見過ごすことのできない数字です。さらに
気になる報告があります。中退の理由のうち経済的な理由は1.8％といい
ましたが、定時制・通信制高校に限ってみるとその値ははるかに大きくな
るというのです。

　ここまでみてきたように、就学援助生徒の学力がそれ以外の生徒に比べ
て厳しいこと、進路先に定時制・通信制が比較的多いこと、定時制・通信
制の中退率が高く、しかも経済的理由によるものが多いこと、これらはす
べてつながっているのだと思います。

　就学援助生徒を取り巻くさまざまな格差社会のなかで、彼らが次代を生
き抜く力をつけるために私たちはどんな取組ができるのでしょうか。全国
それぞれの学校でさまざまな取組をされ、そして成果をあげられています。
そんななかで、ここからは私たちが事務職員と教員の互いの強みを生かし、
協働で取り組んできた事例について記していきたいと思います。

❹ 協働でスパイラルを断ち切る

　ここまで就学援助生徒に焦点をあてながら、その現状について話をすすめてきました。ここからは同じく就学援助生徒に焦点をあてながら、具体的にどのような取組をしてきたのかを記していきたいと思います。

　ところで、学校ではよく「焦点化生徒」という言葉を使います。まずこの「焦点化」という言葉について少しふれておこうと思います。私は教員になりたての頃、この焦点化という言葉を耳にするたびに違和感を持っていました。焦点化とはすなわち特別扱いすることだと誤解していたためです。でもそれは、全くの間違いです。例えば、クラスに計算が苦手で誰よりも計算が遅い子がいたとします。そのことはわざわざ言わなくてもクラスのみんなはよく知っています。そしてクラスのなかには「自分は彼ほど遅くないけど、でもやっぱり自信がない」と思っている子もたくさんいます。さて、今そのクラスの授業で計算問題に取り組んでいるとします。担当教員は計算の苦手な彼を焦点化生徒として位置づけて授業をすすめます。机間指導をしながら彼のノートを必ずチェックします。もしもまだできていなかったら個別にアドバイスをします。

　やがて彼も含めてクラスの全員が正しい答えを導き出したことを確認して次のステップにすすみます。このような授業のなかで、子どもたちは意外と教師の動きをよく見ているものです。そして「先生は○○くんだけ特別扱いしてずるい」とは決して思わないものです。それどころか、「計算の苦手な○○くんのことを先生は大切にしているんだなあ、いつか自分も苦手な壁にぶつかった時にはきっと先生が助けてくれるはずだ、決して置いてきぼりされることはないだろう」と思います。その安心感は教室全体の居心地のよさにつながっていきます。このように焦点化生徒への取組というのは、それを通してみんなが幸せになる取組のことです。

　もちろん教室にいる焦点化生徒は就学援助生徒だけではありません。学校にはさまざまな配慮を要する生徒がいます。身体的な配慮を要する生徒や自閉症スペクトラム、ADHD、LD、などなど…。インクルーシブ教育については礒田勝さんがこのあと第3章で述べられています。ここからは就学援助生徒を焦点化生徒として、事務職員と教員が協働して取り組んだ

実践例についてお話しします。

（1）協働と就学援助制度の有効な活用

　すでに述べましたように、中学校で進路保障が難しくなる時、その要因のひとつに経済的な困難が挙げられます。学校でそれに対応するためにまず思いつくのは就学援助制度の活用です。京都市では就学援助については事務職員が標準職務として専門的な知識を持って手続きを行っています。しかしそれだけで学力格差が解消するわけではありません。すべての子どもに学力保障と進路保障をしていくには、教員と事務職員が互いの強みを生かしながら共に取り組むことが必要です。各生徒の学力や教育課題については教員がよく知っていますし、家庭訪問などを通して保護者の経済的な変化に気づくこともあります。一方、事務職員は就学援助制度について専門的な知識があり、必要な時には迅速かつ適切に手続きを進めることができます。その手続きを進めるなかで事務職員が生徒の家庭環境の変化に気づくこともあります。これらの情報を互いに共有するなかで、その子の背景や課題についてより深くみえてくることもあります。就学援助制度の活用というのは、適切に事務処理をすすめることだけではありません。それを通してさらによりよい教育活動につなげていくことだと思います。

（2）理科・自然研究の取組の改善

　このエピソードは第1節の中で水口さんからも報告されていますが、私も教員の立場からどのように考えたかをお伝えしようと思います。

　私は理科の教員ですので、教頭になる前は毎年夏休みの課題として自然研究に取り組ませていました。事前にレポートの書き方などを指導し、計画表を書かせ、夏休み中には質問会を開きます。夏休み明けには植物採集や自然観察、科学工作など、多彩なテーマの作品やレポートが提出されます。そのなかから優秀作品を選んで校外のコンクールに出品したり、文化祭の理科展で展示をします。

　ある年の文化祭当日、私は理科展の担当者として理科室にいました。水口さんも各展示会場を見て回っておられて、理科展でも生徒の作品をひとつずつ丁寧に見ておられました。そしてこう言われたのです。「先生、こ

こに展示されている優秀作品のなかに就学援助生徒のものがほとんど入っていませんね」。私はショックでした。そのような視点で作品を見たことがなかったのです。正直に言うと、誰が就学援助生徒なのか把握していなかった、というのが本音です。早速、優秀作品に選ばれている生徒のリストと、就学援助生徒の名簿とを突き合わせていきました。すると確かに指摘のとおりでした。優秀作品約200点のなかに就学援助生徒のものは数えるほどしか入っていないのです。その後、すぐに理科の教科会で原因について考えました。そして「身近に自然研究の参考図書がないことが原因のひとつではないか」と仮説を立てました。ご存知のように夏休み前になると書店には自由研究に関する多くの参考図書が並びます。多分、クラスのなかで何人かは実際に購入して研究の参考にしているのだろうと思います。

　またホームセンターには科学工作や実験の材料をセットにしたものが売られています。地域の図書館に行けば自由研究の参考になるような図書がたくさん並んでいます。科学館や博物館等では、夏休みには児童生徒を対象にした実験教室が開催されています。以上のようにさまざまな機会を利用しながら宿題に取り組んでいる生徒がたくさんいるなかで、就学援助生徒はそれらのどの機会も利用できずに、ひとりでなんとか課題をやり上げている生徒が多いのではないかと思います。さらに保護者からはこんな話もよく聞きます。「先生、夏休みの自由研究は親も手伝うのが大変なんです。何とかなりませんか」…つまり、植物採集にしても台所で実験するにしても、保護者が一緒に取り組んでいるケースが少なくないのです。そのこと自体は悪いことではありません。むしろ意義のあることだとも思います。お家の人と一緒に取り組んだ自由研究は、きっと子どもにとってもステキな夏休みの思い出になるはずです。しかし一方で、保護者が昼間不在の家では子どもがひとりで課題に取り組むしかないのです。

　そこで、次年度から次のような取組を始めました。まず夏休み前に自由研究の参考図書を約70冊準備しました。本校の図書室には30冊ほどしかなかったので、図書館司書の先生に協力してもらい地域の公立図書館から約40冊を借りました（ひとつの図書館だけでは40冊もそろわないので、他の図書館にも協力してもらって集めてもらいました）。それらを使って事前学習をし、参考になりそうな記事があればそれをノートに写して持ち帰ら

せました。また必要な物品で家にないものは、できるだけ学校で貸し出し、希望者には理科室で実験する機会を設けました。左の写真は図書室で参考図書を読んでいる様子です。

　さて、そんな取組をした年の文化祭、優秀作品のなかに就学援助生徒の作品がどれくらい入っているか楽しみで数えてみました。なんと！　昨年までとほとんど変わっていないのです。残念でした。学力格差を埋めるのは簡単なことではないと改めて思い知らされました。

　でもすべてが無駄だったわけではありません。次の一歩につながる芽が2つありました。ひとつは底上げができたことです。就学援助生徒の作品のなかに優秀作品は少なかったのですが、その年の自由研究作品全体のレベルは確かに向上していました。「面白い目のつけどころだなあ」とか「根気強く観察したなあ」、「きれいに標本を作ったなあ」など、例年以上に「楽しんで取り組んだのだろうな」と思う作品が増えていました。もうひとつの収穫は、事務職員と教員が協働して学習支援に取り組める可能性の広がりをはっきりと感じたことです。この第2節の始めにフォトフレームの話をしました。あの時点では「一緒に何かできそうだな」という漠然とした可能性を感じていたものが、一気に具体的にみえた気がしました。今から思えば、就学援助生徒に焦点をあてた取組はここから始まったのだと思います。

　ちなみにこのあと私は、自分の学習指導簿（いわゆるエンマ帳）に貼っている生徒名簿に、就学援助生徒には小さなマークをつけることにしました。それを持って授業をすることにしたのです。水口さんが就学援助生徒のことをもっと知りたいという思いでその名前までしっかり覚えておられたことに刺激を受けたのです。授業中に指名発問する際にちょっとその名簿を見る、提出されたノートやテストなどを採点する際にちょっと見るなど、どの子が就学援助生徒なのかをちょっと意識して授業をするようにしました。教頭となった現在も授業参観をする時に必ず持ち歩いているファ

イルがあります。そのなかには全校の生徒名簿が入っていて、生徒ごとにさまざまな情報を書き入れています。その情報のなかには、就学援助生徒かどうかも含まれています。もちろんそれらを書き入れたからといってすぐにその子のことを理解できるわけではありません。しかし理解するための大切な情報として、そのファイルを持ちながら今日も教室を覗いています。

（3）保護者に寄り添う姿勢

　以前、教員同士のこんな会話を耳にしたことがあります。「○○さんの保護者は就学援助の申請書類をまだ提出しないけど、ちゃんと期限までに出さなかったら認定されなくても自業自得だね」。残念ながらこの会話のなかに保護者に寄り添う姿勢や子どもの学習権を保障しようと努力する姿勢をうかがうことはできません。ところが最近では申請書類が未提出の家庭について、「どうして提出されないのだろう」、「どうしたら提出できるのだろう」と考える教員が増えています。

　ある年にこんなことがありました。生徒Aくんは母子家庭で兄弟も多く、経済的に困難な状態であることは明らかでした。さらに母親のネグレクトに関して児童相談所と連携して対応している家庭でもありました。就学援助の書類に限らず、提出物はすべて遅れがちです。担任が何度電話しても通じません。通じてもなかなか話を聞いてもらえません。在宅中に家庭訪問しても担任に会ってもらえません。この保護者は生活保護受給者であったため、就学援助の申請に添付資料は不要です。書類にハンコを捺して提出するだけなのですが、それができないのです。そんななかでその担任は私にこう言いました。「僕が百円ショップでハンコ買ってきて、自分で申請書類に捺してしまってもいいですか？」。真剣にそう尋ねる担任の表情には、そうしないとその生徒の学習権が守れない、給食も食べられない、なんとしてもハンコを捺したい、という強い思いが表れていました。結局は何度も何度も家庭訪問してようやく保護者にハンコを捺してもらいましたが、その担任の熱い思いはとてもわかる気がするのです。

　このようにわれわれ教員の就学援助制度に対する姿勢が変わってきたのは、事務職員の姿勢が大きく影響していたと思います。水口さんからこん

な話を聞いたことがあります。「私たちは就学援助の認定手続きを責任を
持って慎重に行わなければならない。そのためにも生徒のことをもっと知
りたい、知らなければならないと思う。授業を見に行こう、行事で活躍す
る子どもたちの姿を見ようと思うのもそのためで、担任の先生ともたくさ
ん話していろいろな情報を共有しようと思います」。そのような気持ちで
取り組んでおられるので、自然と保護者に寄り添う姿勢になるのだろうと
思います。また毎年、年度当初の職員会議では、事務職員から就学援助制
度の内容だけでなくその意義についても詳しく説明してもらっています。
このような事務職員の生徒を温かく見守る姿勢と制度の丁寧な説明により、
教員も就学援助制度の意義を理解し、生徒に寄り添い、共に協力して制度
を活用しようとする姿勢が生まれるのではないかと思うのです。

（4）保護者負担を軽減

　京都市は保護者負担金のことを預り金と呼んでいます。その預り金を少
しでも低く抑え、保護者負担を軽減したい…そんな意識が学校全体に広が
りつつあります。以前は「理科の授業で資料集が必要だから保護者に買っ
てもらおう」とか「修学旅行の費用が積立額を超えたら、その分は臨時徴
収したらいい」などということが比較的安易に語られていました。それが
変わってきたきっかけは、事務職員が職員会議で公金と預り金の計画や執
行状況を丁寧に説明したり、年度末に「振り返りシート」の活用を呼びか
けたりしたことからでした。「振り返りシート」は教科ごとに準備され、
そこにはその教科が1年間で購入した教材等が記載されています。預り金
による教材も公金によるものもすべて書かれています。各教科会でそれを
見ながら、それぞれの教材はどの程度効果があったのか、来年度も必要な
のか、その優先順位はどうするか、などを話し合います。そんななかで、
教員にも保護者負担軽減の意識が高まりました。例えば、理科の資料集は
毎年1年生に預り金で買ってもらっていましたが、ある年からやめること
にしました。授業に必要な資料はパソコンと大型テレビを使って提示する
ことにしたのです。また今まで預り金で購入してもらっていた理科の問題
集もやめました。その代わりに公金で学習支援ソフトを契約して活用する
ことにしました。この学習支援ソフトは5教科で年間契約料13万円ほどで

す。そのソフトから練習問題を
プリントアウトし、それを生徒
分印刷して配布します。各自が
問題集をそろえると1冊約500
円×800名（全校生徒分）＝約
40万円にもなります。印刷に費
用や時間はかかりますが、これ
だけの巨額な保護者負担を削減できたことには大きな意味があると思いま
す。理科以外でも問題集の購入をやめた教科があり、保護者負担軽減はさ
らにすすみました。ちなみに学習支援ソフトの良さは、保護者負担の軽減
だけではありません。何枚でも同じプリントを印刷できるというのも大き
なメリットです。上の写真を見てください。問題プリントを印刷する時に
はいつも150枚くらい余分に印刷しておき、それを廊下に置いたレター
ケースに入れておきます。希望者は何枚でも自由に活用できるので、生徒
が自主的に家庭学習に取り組むのに役立っています。

　以前に水口さんからこんな話を聞きました。「就学援助を申請されても
ギリギリ認定できなかった家庭のことがその後も心配になる。さて自分は
何ができるのだろうと考えた時、思い浮かぶのは"保護者負担の軽減"な
のです」。やはりここでも、事務職員が就学援助の認定業務に責任を持っ
て関わっているということが大きく関係しているのです。

（5）焦点化生徒の成績の振り返り

　生徒の学力をきちんと分析し、それを日々の学習活動にフィードバック
させることの重要性は教員なら誰もが知っていることです。特に成績が伸
び悩んでいる生徒については、その原因と対策に頭を悩ませます。私が学
年主任をしていた時は、定期テストごとに生徒全員分のテストの点数を一
覧表にし、各教科の下から2割の生徒にマークをつけた資料を作成してい
ました。さらに就学援助生徒には印をつけておきました。この資料は学年
会で議題に取り上げ、どのように学習支援をしていくか考えました。

　年間を通してこの資料を作成するなかで気がついたことがいくつかあり
ます。ひとつは、下位生徒グループに就学援助生徒の占める割合がかなり

高いことです。生徒全体から下位生徒を 2 割抽出すると、ほとんどの場合、全就学援助生徒のうち 3 ～ 4 割もの生徒がそのなかに含まれてしまうのです。しかもそこに挙がってくる就学援助生徒の名前は毎回ほぼ同じであることが多いのです。

	国語				社会			
	第 1 回	第 2 回	第 3 回	第 4 回	第 1 回	第 2 回	第 3 回	第 4 回
①就援以外の平均点	69.2	65.5	70.8	66.1	64.8	68.9	53.7	67.6
②就援生徒の平均点	57.6	54.3	57.9	54.6	50.0	55.6	37.6	51.5
②÷①×100（%）	83.3	82.9	81.8	82.6	77.1	80.7	70.1	76.1

	数学				理科			
	第 1 回	第 2 回	第 3 回	第 4 回	第 1 回	第 2 回	第 3 回	第 4 回
①就援以外の平均点	68.7	63.1	61.5	80.0	70.6	59.7	69.8	69.9
②就援生徒の平均点	50.1	43.7	41.1	64.1	58.7	46.1	56.8	57.1
②÷①×100（%）	72.9	69.1	66.9	80.1	83.2	77.1	81.4	81.7

	英語			
	第 1 回	第 2 回	第 3 回	第 4 回
①就援以外の平均点	63.7	62.7	60.3	65.7
②就援生徒の平均点	50.8	48.9	46.2	52.7
②÷①×100（%）	79.7	78.0	76.6	80.3

　上の表は、ある学年の 1 学期と 2 学期の定期テストごとに、各教科の平均点を就学援助生徒とそれ以外の生徒についてまとめたものです。すべてのテストの結果において、就学援助生徒の平均点はそれ以外の生徒を下回っています。また「②÷①×100」の段の数字は就学援助生徒の平均点が、それ以外の生徒の平均点の何%に相当するかを表しています。両者に差がなければ100%を示すはずですが、現実は残念ながら70～80%を示しています。しかしここで注目してほしいのは、第 4 回目の結果です。第 3 回と比べてすべての教科でこの値が上昇していることがわかります。つまり、全教科において就学援助生徒とそれ以外の生徒の差がわずかですが縮まっているのです。実は第 4 回は、学年教員が申し合わせて就学援助生徒にテスト前の放課後学習会に参加するように声をかけたのですが、このことと関係があるのではないかと考えています。

もちろんこの回だけでなく毎回テストの１週間前になると各学年で放課後学習会を開き、生徒が自習をしたり先生に質問をしたりする機会を設定しています。基本的には希望者のみが参加するかたちですが、第４回テスト前には生徒の自主性にまかせるだけでなく、焦点化生徒には教員から積極的に参加を呼びかけたのです。もちろん声をかけても「塾があるから…」などと言いながら帰っていく生徒もいます。一方で、仕方なく（？）居残りをして勉強していく生徒もいます。しかしその結果を見ると、当たり前のことかもしれませんが、諦めずに声をかけることがいかに大切かを教えてくれているように思います。

　ここでひとつ、放課後学習会に関して忘れられない生徒がいます。以前、私たちの学年にいたＢさんという女子生徒のことです。彼女の家は母子家庭なのですが、母親はパートナーと一緒に別のマンションに住んでいて、同居している祖母が働いて家計をひとりで支えていました。食事の準備も祖母がしていました。もちろん就学援助対象生徒です。小さな弟がいて、Ｂさんから「今日は私が子守をするので学校を休みます」と連絡の入る日が何度もありました。学力は低く、テストの点数は毎回下から１〜２割です。学習意欲も、登校する意欲も低く、母親と面談してもＢさんの学習や進路について特に心配している様子がうかがえません。まさに３つの困難がそろっている典型的なケースです。１、２年生の時は欠席する日も多く、年間90日ほどにもなりました。ところが３年生になって急に欠席が減りました。自ら「高校に行きたい」と言い出したのです。これはチャンスです。学年の先生たちは、毎日Ｂさんを洛北ゼミに誘いました（３年生の放課後学習会は「洛北ゼミ」と呼び、テスト前だけでなく職員会議日以外は毎日開催します。例年10月の学校祭後にスタートし、３月初旬まで続きます）。ゼミに誘うなんていう生易しいものではありません。まさしく抱え込むようにして「な、行こう、一緒に勉強して帰ろう、ね！　ね！」などと言いながらゼミの教室に連れてくるのです。本人は「え〜、今日も勉強するの〜？」と言いながらもたいていはまんざらでもない様子で教室に入ってきます。でも今思うとよくもこんな強引なやり方で本人が逃げ出さなかったものだなあと思います。「うっとうしいなあ」と反抗するようなことだってありえると思うのですが、彼女は全くそんなそぶりを見せませんでした。

きっと、1、2年生の時から彼女と学年教員の間に積み上げられてきた信頼感があったのだろうと思います。先生たちは私のことを心配してくれているんだ、という思いがきっと彼女のなかにあったのです。そう考えると、一見無駄にみえた1、2年生の頃の家庭訪問や話し込みも決して無駄ではなかったのです。洛北ゼミは秋にはたくさんの3年生が参加してスタートするのですが、年が明けて私立高校の入試が終わり、公立高校前期選抜が終わると、進路先が決まった生徒から順に抜けていきます。しかしBさんは洛北ゼミ最後の日まで参加し続けた数少ない生徒のひとりでした。最後まで本当によく頑張り通したと思います。Bさんの受験校は公立高校1本でした。公立高校中期選抜を目前に控え、本人は大変不安がっていましたが、私たち教員も同じ気持ちでした。受験の前日、彼女は職員室の前で泣いていました。「絶対受かる気がしないもん」…そう言う彼女を慰める言葉も浮かびません。しかしそんな様子を見ながら、彼女が一歩ずつ成長していることを実感しました。彼女は自分の人生としっかり向き合っているのです。だからこそ不安になっているのです。彼女にとって高校受験は「どうでもいいこと」ではないのです。そんなBさんを見ながら、最後に私たちにできることは合格を祈ることだけでした。やがて発表の日、なんと！　合格していたのです!!　私は涙が止まりませんでした。よかったよかった、本当によかったと思いました。彼女が合格の報告に来た時、職員室でたくさんの先生から祝福されて喜びながら泣いていた顔が今も忘れられません。先生たちからは「勝手に高校辞めたらあかんで。辞めようと思ったら必ずその前に中学校に相談に来るんやで。わかったなあ！」と約束させられていました。その年、洛北ゼミで最後まで頑張ったのはBさんを含めて3人いたのですが、いずれも公立高校に合格しました。Bさんは高校を卒業し、現在市内の病院で働いています。もうひとりは、東京で調理師の卵として働いています。が、もうひとりは高校を途中で辞めてしまいました。辞めた後コンビニでバイトをしていると聞いて行ってみたのですが、すでにその店はなくなっていて別の店舗になっており、会うことはできませんでした。すべてがうまくいったわけではありません。

　次頁の写真は彼女たちが洛北ゼミで勉強している様子を私が撮ったものです。この写真を見ると今も目頭が熱くなります。映っているのは最後ま

で頑張った3人と、20代の男性教員です。いい写真だなーって思います。「私は君たちの手を絶対に放さないからね」という教員の声と、「私頑張ってるよね、ホントに頑張ってるよね」という3人の声が聞こえてきそうです。「私頑張っているよね」…そんなふうに自分で自分の頑張りを認められる経験の一つ一つが、これからを生きていく自信につながっていくのではないかと思います。

　さらに余談ですが、この写真の男の子は高校の卒業式の日に中学校に来てくれました。彼に洛北ゼミのことを聞くと、「うん、よく覚えてる。先生、オレあんなに勉強したの初めてやったわ」と嬉しそうに話していました。

　さて、ここまでの話にはまだ「事務職員と教員の協働」は出てきません。そのことについて少しお話をします。学年会で成績の分析をするなかで浮かび上がってきた気になる生徒のことや就学援助生徒の成績について、事務室でも話題にすることがよくありました。先ほどのBさんのこともよく話題に上りました。学力向上というと教員だけが取り組むものと捉えられがちですが、そうではありません。子どもたちの成績の分析結果や課題について日頃から事務職員と共有しておくことは重要だと思うのです。そうすることで、共通の話題ができるので、事務職員からも情報を提供しやすくなります。また取組に対しての事務職員の理解がさらに深まり、例えば洛北ゼミで必要な書籍を購入してもらうにも取組の意義を理解したうえで予算措置をしてもらうことができます。互いにリスペクトしながら情報共有をする、これは協働のために大切なことだと思います。

　洛北ゼミは現在も教職員の熱い思いとともに続いています。今年（2020年）は新型コロナの影響で5月まで休校が続きました。学校が再開されて約2カ月が経った現在も、特に3年生は進路に向けて不安を抱えている人が多いのではないかと思います。またそれぞれの家庭環境によって学力格差がさらに大きくなったのではないかと心配しています。そのため今年は

例年より早く6月から洛北ゼミをスタートさせました。自由参加で自学自習が基本ですが、「この子の手を離してはいけない」…そんな思いを忘れずに、困りを抱える生徒に焦点をあてながら取り組み続けたいと思います。

❺ 働き方改革…教員の負担軽減から教育の質の向上へ

　ここまで子どもたちの学習支援や進路保障の話が中心でしたが、私たち教職員自身のことにも少しふれたいと思います。働き方改革についてです。実は私が教頭になってまず取り組みたいと思ったのがこの働き方改革です。私たちの働く環境の改善は必ず教育の質の向上につながると思うからです。そしてこれもまた協働による取組が必要とされていると思うのです。

　さて働き方改革については、今や教育現場だけでなくどの職業についても緊急かつ重要な課題となっています。教員の超過勤務の現状は命に関わる重大な問題であるだけでなく、子どもたちによりよい学びを保障するうえでも早急に解決しなければならない問題です。2018年OECD国際教員指導環境調査では、日本の中学校教員は週あたりの労働時間が56時間で、参加国中で最も長時間でした（小学校は54.4時間で、これも参加国中で最も長時間となっています）。しかも前回調査（2013年）よりも悪化しています。56時間というのは1日あたりに換算すると11時間以上働いていることになります。他の国に比べて学習指導時間が特に長いわけではなく、課外活動時間が突出しているのが特徴です。また2016年文部科学省の教員勤務実態調査では、小学校教員の33％、中学校教員の57％以上が、過労死ラインといわれる月80時間以上の時間外勤務をしている実態が明らかになりました。持ち帰り仕事を加えると、さらに20ポイント程度上がるだろうと言われています。

　本校も多くの学校と同じように毎日遅くまで職員室の明かりが消えることがありません。それを何とかしようということで、昨年度からさまざまな取組を始めました。まずは校内研修のなかで本校の時間外勤務の実態を報告し、なぜそれが問題なのか、どうすれば解決できるのかを示しました。長時間にわたる時間外労働は、教職員の命や健康に深刻な影響を与えるだけでなく、授業準備や自己研鑽の時間が減り結果的に教育の質が落ちてし

まうことにもつながります。またこれからの日本は少子高齢化と労働人口の減少が避けられないなかで、どの産業も生産性の向上を図ることが求められています。それなのに、私たち自身が目の前の子どもたちに「とにかく長く働けばよい」という姿を示すことは、隠れたカリキュラムとして子どもたちにどのようなメッセージを伝えることになるのか心配します。また世間では「学校現場はブラックだ」と言われることがありますが、そのために教員志望者が減ったとすれば人材確保の面で非常に心配です。

　学校での教育活動は教育機器やICTがいくら進んでもそれらにすべて置き換えられるものではありません。日本の労働人口は1999年には6,779万人でしたが、2020年には6,314万人に減少すると言われています。労働人口減少のなかで、魅力的でない職場に人が集まらないのは必然です。すでに学校がそんな状況になりつつあるのではないかと心配しています。本校では校内研修以外にも、留守番電話の設置やPTAの会議時間の見直し、職員会議のペーパーレス化、職員朝礼の廃止、共用サーバーにあるデータの整理整頓などに取り組み、職員の意識改革と職場環境の改善に取り組んでいます。

　本校の昨年度の超過勤務の実態について少し紹介します。次の表を見てください。

	全体平均	20代	30代	40代	50代
4月	2：52	4：55	2：57	1：54	2：43
↓					
2月	2：40	4：19	2：12	1：31	2：39

　これは出退勤システムに入力されたデータをもとに1日あたりの超過勤務時間を示したものです。昨年4月は全教職員を平均すると1日に2時間52分の超過勤務をしていたことになります。また年代別に見ると20代の教員が最も長く、1日平均4時間55分、ひと月で平均98時間以上の超過勤務です。翌年2月のデータを見ると、わずかですが改善傾向にあることがうかがえます（成績処理や学校行事、部活の公式戦等の影響で、月によって忙しさの度合いが変わるので、本来なら前年度の同じ月と比較しないといけません。昨年度は出退勤システムが導入された1年目のため、それがで

きませんでした）。

　校内研修の終了後に教職員に書いてもらった感想に次のようなものがありました。

　「教師の仕事はどこまでやれば、というキリがない。それゆえ働きすぎて教師が疲れてしまうことが一番危険なことです。生徒の前に立つ教師は元気で生き生きとしていることが何より大切で、そのためにも直面するさまざまな仕事をクオリティーを落とさずに効率的に処理することが大切で、個人だけでなく学校としての改革も必要であると思う」

　文中の「学校としての改革」は「協働で取り組むこと」と置き換えることができるのではないかと思いました。教育というのは、子どもたちに未来を語る仕事であり、学校は未来を語る場所です。もしも私たちが疲れ切ってしまって、夢や未来を語れなくなっているとしたら、そんな姿から子どもたちは何を学びとるのでしょうか。以前にある生徒が職員室を覗き込みながら「先生ら仲ええなあ〜、楽しそうやなあ」と笑顔でつぶやいたことがあります。私たちが明るく元気に仕事をしている様子を見て、その生徒はきっと嬉しかったのでしょう。これからもずっとそんな職員室であり続けたいと思います。

❻ 協働…はじめの一歩

（1）協働がうまく回り始めるために

　ここまで事務職員と教員の協働による取組のお話をしてきました。でも改めて思うのです。協働って簡単ではないですよね、と。「あなたの学校では今も協働による取組がうまく展開されていますか？」と私が聞かれたとすると、う〜ん…と返事に悩んでしまいます。毎年の異動で教職員集団はどんどん入れ替わっていきます。ここまで書いた取組が現在もすべてうまく継続できているわけではありません。誤解のないように付け加えておくと、今の本校の教職員が悪いなどと言っているのでは全くありません。現在も教職員みんなで力を合わせて本当によく頑張っています。それでも協働での取組がうまく回っていないのも事実です。どの学校でも誰もが協働による取組で成果をあげるにはどうしたらいいのでしょうか。そんなこ

とを少し考えてみたいと思います。

（２）温かい事務室

　今思い出してみると、協働でさまざまな取組を展開していた時には、いろいろな教員が事務室で生徒のことを話していたなあ、と思います。○○くんが今日こんなことをしたとか、○○さんの様子が気になるとか、そんな話をコーヒーを飲みながら話していました。事務室でのそんな光景が日常のなかにあり、そんな時間が楽しいなと思いました。それを根底で支えていたもの、それは教員と事務職員のお互いに対する尊敬の気持ちではないかと思います。教員の側からいえば、例えば事務職員が子どものことをよく知りながら仕事をされていることや、さらにもっと知りたいと思っておられる姿勢に対する尊敬の気持ちです。

　また事務職員の側からは、例えば教員がわかりやすくて楽しい授業をつくり出すために努力している姿に対する尊敬の気持ちです。互いにそんな気持ちでつながっているわけですから、事務室での会話が心地良いのは当然のことかもしれません。そんな「温かい事務室」が協働のベースになっていたように思います。

（３）温かい事務室と学校教育目標

　「温かい事務室」と言いましたが、これは事務室にいる事務職員だけでつくるものではありません。事務職員と教員が協働してつくっていくものです。そこには、学校教育目標の存在が大切になってくるのではないかと思います。

　どの学校にも学校教育目標があります。年度当初の職員会議で学校長より説明されますが、それは全教職員に浸透しているでしょうか。こんな言い方をして申し訳ないのですが、単なるお題目がならんでいて読んだ瞬間に忘れてしまう…そんな学校もあるのではないでしょうか。本校もかつてはそれに近いものがありました。しかし、ここ数年は学校教育目標を全教職員のものにしようと意識して取り組んでいます。まず前年度末に現状分析をするところから始めます。自分たちの学校の強みや課題を考え、目指す生徒像、教職員像、学校像を練り上げていきます。特に目指すべき生徒

像については、それを達成するために学年目標や学級目標を設定し、取組、振り返りへと続くいわゆる PDCA サイクルを確立しようと努力しています。なぜこんな話をしているのかというと、「温かい事務室」をつくるのにこれが必要だと思うからです。どんな学校を目指しているのかを明らかにし、目標と課題を教職員で共有することによって、教員と事務職員が同じ土俵で話すことができるのです。

「温かな事務室」とは世間話が気楽にできる場所ということではありません（もちろん世間話もいいのですが…）。私たちの目の前にいる子どもたちの話がしたいのです。この子たちのことを一緒に心配し、応援し、一緒に喜びたいのです。そのためにも自分たちの学校の課題やすすむべき方向を教職員で共有しておくことはとても大切だと思います。

（4）協働…はじめの一歩

以前、新規採用で本校に赴任した事務職員Cさんは、他職経験者でしたが中学校の事務職員の仕事は全く初めてでした。本校では毎年9月に合唱コンクールがあります。これは1年間の行事のなかでも体育祭とならんで大変盛り上がる行事で、コンクール前には連日各クラスで熱心に練習に取り組みます。学校から徒歩と地下鉄で20分ほどの距離にある京都コンサートホールを借りて本番を行います。例年、特に3年生の合唱は聞いている者が涙ぐんでしまいそうになるほど感動します。その当日、私は学校で留守番だったのですが、事務職員Cさんに「ぜひ参観に行ってきたらどうですか」と勧め、行ってもらいました。そのCさんが帰校して開口一番、

「教頭先生、参観に行かせてもらってよかったです」

「でしょ！　で、どんなふうによかったんですか？」

「子どもたちが一生懸命に歌う姿を見て涙が出てきました。本当に素敵だなって思って…。実は『どうしてうちの体育館でやらないのかな？　体育館だったらタダなのになあ』って思っていました。でもこれはコンサートホールでやらないといけませんね。子どもたちの歌声を響かせる舞台としてコンサートホールじゃないとダメだと思いました。まだ感動が覚めなくてうまく言えませんが、私ステキな仕事に就いたなあと思います」

改めて子どもたちの力ってすごいと思います。Cさんは合唱指導に直接

携わっていたわけではありません。しかし子どもたちが一生懸命に歌う姿を見て感動し、子どもたちの成長する姿、取組の成果を教員と共有したのです。Cさんが感じとったのはそれだけではありません。ここまで指導をしてきた教員に対するリスペクトも含まれていたはずです。水口さんは、事務職員も積極的に授業参観をしたりして子どもの様子を把握することが就学援助の認定業務につながっていくことや、そのことが協働による教育実践につながっていることを常に述べられていますが、Cさんは今まさにそのスタート地点に立っておられるのではないかと思いました（それにしても「ステキな仕事に就いたなあ」って言えたことはステキだなあと思います。私がCさんの親ならこれを聞いた瞬間、嬉しくて泣いてしまいそうです）。

　さらにその年の11月、Cさんが採用1年目研修から帰ってきてこう言いました。

　「教頭先生、今日の研修もすごかったです」

　「ほお…どんなふうにすごかったんですか？」

　「就学援助に関する研修だったんですが、就学援助の仕事をやっていくというのは、事務手続きを間違いなくやっていくことだけではないんですね」

　「というと？」

　「就学援助の手続きについて保護者と話をする機会を通して、家庭の経済状況等の変化に一番に気がつきやすいのは事務職員なんですね。その気づいたことを先生方や管理職と共有することで、必要な手立てにつなげていくこともできるんですよね。これってすごいことです」

　Cさんが自分の業務について「これってすごいことです」と言えたことは大変重要だと思います。自分の仕事に誇りが持てるからこそ、他者の仕事を敬うこともできるのです。

（5）協働…人とつながる、共感する

　協働には、人とつながる力、共感する力が求められます。教職員は互いのどんな姿に共感し、どんな姿とつながろうとするのでしょうか。私は次の4つが大切ではないかと思うのです。

①子どもを愛する姿

　すべての子どもと何とか心を通わせようと頑張る姿は素敵です。子ども
も時には憎らしい姿を見せることもあります。でも子どもが好きで、どの
子ともつないだ手を離さない情熱、そんな姿が素敵だなあと思います。私
がまだ若年教員だった頃、ある先輩の先生が、「いいか、ワシらは子ども
のことを絶対に嫌いとかこの子はダメやとか言ったらあかんで。子どもら
は教師を選べへんやろ。黙ってその先生のうしろを歩いていくんや。だか
らその子らのことをワシらは絶対に嫌いとかダメとか言ったらあかんね
ん」。私はまだまだ未熟な人間ですから、素直に指導に従わない子にイラ
イラしたり感情が表に出たりすることがあります。そのたびにこの先輩の
言葉を思い出して頑張ろうと思っています。

②学問を愛する姿

　佐藤学さんは次のように書かれています。「西洋東洋を問わず古来教え
るという不遜な仕事を教師が行うことができたのは、教師自身が誰よりも
読書をし、学んでいたからである。（中略）教師は教える専門家であると
同時に学びの専門家でなければならない。知識が高度化し、複雑化し、流
動化している知識社会においてはなおさらそうである」（佐藤学『教師花
伝書』より）。

　勉強頑張れと子どもを励ます教職員もまた勉強を楽しみ、新しい発見に
わくわくする人間でありたいと思います。

③子どもの成長を喜ぶ姿

　子どもの発する「やった！」は美しい言葉です。授業中の「わかっ
た！」や「できた！」という言葉こそ私たちが聞きたい言葉です。みんな
わかりたい、できるようになりたいと思い、そんな自分自身にマル印をつ
けてあげたいのです。子どもがひとつ伸びた時に自ら発する言葉、「やっ
た！」「わかった！」「できた！」を共に喜べる教職員でありたいと思いま
す。

④子どもに未来を語る姿

　子どもは私たちよりもずっと未来まで生きていきます。私たちは自信を
持ってその子らに「頑張れ。君たちの未来は明るいぞ」と言い切ることが
できるでしょうか。世界には今、貧困、災害、紛争、環境破壊などの問題

が山積しています。「未来は明るいぞ」とは簡単に言えないのが正直なところです。しかしそんななかであっても、「生きることって素晴らしい」「みんなの未来はみんな自身がつくり出していくんだ」って子どもたちに伝え続けたいです。私たちは私たちの周りの課題をしっかり見つめ、そのなかに光る美しいものを子どもたちと共有し、自信を持って夢や希望を語れる教職員でありたいと思います。

❼ まとめ

　ここまで協働をキーワードにしながら、就学援助生徒に焦点をあてて就学支援、進路保障の取組について記してきました。私たちの教育活動は就学援助生徒に焦点をあてて取り組めばそれで充分というものでは決してありません。しかしそこから多くの気づきを得られたことも事実です。中学校の理科の授業で顕微鏡観察を行う時、私は「見える」と「見る」は違うのだという話を必ずします。観察するということは「見る」ということで、目的をもって自分から他者に働きかける行為です。私たちは就学援助生徒を「見る」ことから、すべての子どもたちに対するさまざまな取組につなげていこうとしているのです。

　冒頭に「協働は互いの強みを足し合わせていくこと」と言いました。その「強み」とは、事務職員と教員の専門性や責任感、プライド、実践力、情熱などに裏打ちされたものです。私たちがそれぞれの「強み」を最大限に発揮し、互いに尊敬し合う気持ちでつながりあった時、学校におけるさまざまな取組はさらに輝きを増していくに違いありません。

　明日も子どもたちの素敵な笑顔が輝きますように！

　そして私たちも共に輝きますように！

第3章

障がいのある子どもの
学びの保障と
インクルーシブ教育

礒田　勝

はじめに ||||||||||||||||||||||||||||||||||||||||||||||||||||||||

　本稿は、2020年2月に「すべての子どもたちの学ぶ権利を守る教育事務の役割」のテーマで開催された、日本教育事務学会関東地区研究集会の基調報告（2）「インクルーシブ社会実現のために―日本型『インクルーシブ教育システム』への評価と教育事務の役割」を再編集する形をとっています。

　集会は新型コロナウイルス感染症が拡がりをみせ、イベントや会議が次々と中止になるなかでギリギリのタイミングで開催されました。その後、世界は一変し「将来の変化を予測することが困難な時代」がまさに現実化してきた感があります。

　グローバリゼーションと市場主義によってもたらされた貧困と格差、不平等、環境破壊、地域社会の崩壊等の危機的状況が世界規模で拡大しています。そこを新型コロナウイルスによるパンデミックが襲いました。閉塞的な状況のもとで、人々の「不安」と「孤立」は拡大し、社会的に弱い立場にある人々は、さらなる危機的な状況に追い込まれています。

　2015年9月に国連により発表された「持続可能な開発目標（SDGs：2016-2030）」は、地球環境への対処とともに、「誰一人取り残さない」というスローガンのもと、貧困と飢餓、人種やジェンダー等による差別と教育格差を解決していくための、「人を守るための目標」と、その実現に向けた持続的な取り組みを提起しました。

　重工業化社会が終焉を迎え、新たな時代となる知識・情報化社会では、技術革新を支える人間の能力がインフラストラクチャでありその人間を育てる教育システムが極めて重要な役割を果たします。SDGsが求める持続可能な社会を実現していくためには、障がいだけでなく多様なニーズを持つマイノリティを含めた、すべての子どもたちの学ぶ権利が保障された、「誰一人取り残さない」インクルーシブ教育システムの実現が不可欠となります。

　2006年、国連総会において採択された「障害者の権利に関する条約（以下、障害者権利条約）」では、その第24条で「インクルーシブ教育」を明確に打ち出しました。権利条約を契機に条約締結国では、障がいのある子

どもたちを地域の通常の学校で受け入れ、誰もが多様なニーズを持っていることを前提に、すべての子どもたちを包摂（include）する教育システム（education for all）への転換が段階的にすすめられています。

　私は、学校事務職員という仕事を続けながら、障がいのある子どもたちを受け入れるための学校環境の整備や、ユニバーサルデザインに基づく新設校の建築、特別支援学校の開校、大規模災害地での避難所運営、福祉のまちづくり学会や障がい者団体での活動に関わってきました。

　本稿では、国連障害者権利委員会の条約履行状況審査に向けて国内の障がい者団体等が提出した「パラレルレポート」から、「日本型インクルーシブ教育制度」についての課題を整理するとともに、地域の学校で障がいのある子どもたちを受け入れるうえでの施設上の個別課題、特別支援学校と通常学校とのトータルコスト比較データをもとに、障がいのある子どもたちを受け入れた際の財政的な課題についても触れさせていただきます。また、大規模災害時における学校の避難所機能についても、「福祉のまちづくり」の観点から考察させていただきます。

❶ インクルーシブ社会の実現に向けて

　1950年代にデンマークの社会省担当官であったバンクミケルセンは、当時コロニーと呼ばれた隔離施設に収容されていた知的障がい者の実態に心を痛め、「親の会」と共に施設改善運動に取り組みます。その後「障害者も一人の人間として、市民社会の中で人々と共に普通に生活していく権利がある」と改善に取り組み「1959年法」を成立させました。この時に確立された「ノーマライゼーション」の理念は、その後、世界的な拡がりをみせ、国連の人権政策の基本的な概念となっていきます。1975年「障害者の権利宣言」、1981年「国際障害者年」、1982年「障害者に関する世界行動計画」、1983〜92年「国連障害者の十年」、1989年「子どもの権利条約」、1990年「万人のための教育世界会議」、1993年「障害者の機会均等化に関する基準規則」、1994年「サラマンカ宣言及び行動枠組み」、2000年ダカール「世界教育フォーラム」等の流れのなかで展開され、半世紀以上にわたる人類の英知を結集した取り組みによって、2006年、世界中の障がい当事

者とすべての人の人権を守る思いのうえに「障害者権利条約」として結実しました。条約成立のプロセスからも、私たちはたくさんのことを学ぶことができます。

　現在では、「ノーマライゼーション」は障がい者だけでなく、マイノリティを含めたすべての人々が、特別に区別されることなく、同じ社会の構成員として支障なく普通に生きていける社会を創っていくための理念として、バリアフリーデザインからユニバーサルデザインへ、そしてインクルーシブデザインへと引き継がれています。

❷ インクルーシブリサーチの視点

　2001年、メキシコ政府の提案により国連に障害者権利条約制定に向けた特別委員会が設置されました。「私たち抜きに、私たちのことを決めないで（Nothing about us, without us）」を合言葉に世界中の障がい当事者やNGO が参画し、5 年にわたる議論を経て条約文が作成されました。この「障害者の権利に関する委員会」には17名の障がい当事者が参画していますが、このように計画から評価・維持まですべての段階に障がい当事者が主体となって参画し、当事者の視点から共に問題解決を図っていくというインクルーシブリサーチの手法は、その後、国際的な流れとなっていきます。

　わが国においても、2020東京パラリンピックに向けて2017年に設置された「ユニバーサルデザイン2020関係府省等連絡会議」の「まちづくり分科会」と「心のバリアフリー分科会」に、このインクルーシブリサーチの手法が最初に取り入れられました。現在では、国・地方を通じてさまざまな福祉のまちづくりプロジェクトに、障がい当事者が主体的に参画するスタイルが確立され始めてきています。

　1989年に制定された国連「子どもの権利条約」でも、その第12条で「締約国は、自己の意見を形成する能力のある児童が、その児童に影響を及ぼすすべての事項について、自由に自己の意見を表明する権利を確保する」という子どもの「意見表明権」が規定されていますが、この視点は障がい者施策においても、障がい者を「保護の対象」から「権利行使の主体」と

考え、障がい者の意見やニーズを尊重するだけでなく、当事者として共に問題解決を図っていくという流れとなって引き継がれています。

　今後、教育・学校現場においても、この「インクルーシブリサーチ」の視点に立った対応が求められていきます。例えば、コミュニティ・スクールのメンバーに障がい者枠を確保し、当事者の視点から「合理的配慮」のあり方を議論していくなどの取り組みも必要と考えます。

❸ 「医療モデル」から「社会モデル（人権モデル）」へ

　障害者権利条約では、「障害の社会モデル（人権モデル）」という基本的な考え方がとられています。今まで、「障がい」をどう捉えるのかという議論はなされてきましたが、その中心的な考え方は「医療モデル（個人モデル）」という視点でした。これは、障がい者が社会生活で困難に直面するのは「障がい者本人に原因があるから」とする考えで、リハビリ等による本人の努力や家族の介助を個別に支援し、周囲の人たちの障がい者に対する「思いやり」や「手助け」も含めて問題を解決していこうという考え方です。

　一方、「社会モデル」では、障がい者が「障がい者」となるのは、環境や社会にあるさまざまな「障壁」が原因であり、その障壁そのものを取り除くことで、障がい者も健常者と同じような「普通」の生活を送れるようにしようとする考え方です。

　例えば、耳の不自由な方が説明会に参加した際に、手話通訳がなくて話を聴くことができないのは、本人が「耳が聞こえない」ことに原因があると考えるのが「医療モデル」です。解決するためには主催者側にお願いして手話通訳者を手配してもらうなどの個別措置が必要となります。一方、「社会モデル」では、そもそも主催者側が多様な出席者を想定していないことが原因であり、主催者は、最初からさまざまな参加者があることを想定もしくは把握して、手話通訳者を手配すべき義務があったという考え方です。このように、「社会モデル」は当事者の個人的努力や周囲の支援に頼るのではなく、社会の責務として障壁を除去し解決を図っていく立場に立ちます。

社会には障がい者だけでなく多様な少数派の人々が存在していますが、多数を占める人たちの基準で街や建物が造られ、学校や職場が運営され、慣習や文化から情報の送受信に至るまで、常に少数派の人たちの存在は無視（軽視）されてきました。そして個々の事情に対してフォローアップによって対応していくことが「福祉」の仕事とされてきました。「障害の社会モデル」は、障がい者が障がいのない人と平等に人権を享受し行使するための「合理的配慮」と一体をなすものですが、それは同時にマイノリティを含むすべての人たちのニーズに応えるユニバーサルデザインのまちづくりにも通じています。

　権利条約によって確立された「障害の社会モデル」の視点は、国内法である「障害者基本法」や「障害者雇用促進法」、「障害者自立支援法」、「バリアフリー法」等の改正や「障害者差別解消法」の制定等、関係諸法令の基本的な理念として確立されてきています。

　これから、インクルーシブ教育をすすめていく学校現場では、障がいのある子どもが地域の通常の学校、学級に就学することも増えていくと思われます。その時に、学校が健常児のレベルでつくられ運営されていることを前提に、「バリアフリー改修はできないけど、それでもよかったらどうぞ」とか、「親が付き添ってくれなければ入学を認めない」といった態度をとることは、「障害の社会モデル」とは相反する視点となります。

　障がい児やその保護者が就学を希望した際には、設置者や教育委員会には財源を確保し、校舎のバリアフリー化改修を行い、必要な支援員を配置する合理的配慮義務が生じています。教育事務に携わる者が「社会モデル」の理念や基本的知識を根拠に関係各課と交渉し、「合理的配慮」を担保していくことは、インクルーシブ教育を推進していくうえでも極めて重要なことと考えます（本来なら、障がいのある子どもの有無に関係なく、すべての学校がユニバーサルデザインであるべきですが）。

④ 障害者権利条約の目指す教育制度

　国連「障害者の権利に関する条約」は、2006年12月13日国連総会で採択され、2008年5月3日に発効しました。日本政府は採択の翌年である2007

年 9 月に署名し、2009年には内閣総理大臣を本部長とする「障害者制度改革推進本部」を設置して国内法の整備と諸制度の改革をすすめ、2013年12月 4 日に国会承認、2014年 1 月20日国連事務総長に批准書を寄託して、2014年 1 月22日公布および告示（条約第 1 号及び外務省告示第28号）し、2014年 2 月19日に効力が発生しました。権利条約では教育制度について、第24条「教育」で以下のとおり規定しています。

障害者の権利に関する条約（抜粋）

川島　聡＝長瀬　修仮訳（2008年 5 月30日付）

第24条　教育

1　締約国は、教育についての障害のある人の権利を認める。締約国は、この権利を差別なしにかつ機会の平等を基礎として実現するため、あらゆる段階におけるインクルーシブな教育制度及び生涯学習であって、次のことを目的とするものを確保する。

（a）人間の潜在能力並びに尊厳及び自己価値に対する意識を十分に開発すること。また、人権、基本的自由及び人間の多様性の尊重を強化すること。

（b）障害のある人が、その人格、才能、創造力並びに精神的及び身体的な能力を可能な最大限度まで発達させること。

（c）障害のある人が、自由な社会に効果的に参加することを可能とすること。

2　締約国は、 1 の権利を実現するに当たり、次のことを確保する。

（a）障害のある人が障害を理由として一般教育制度から排除されないこと、及び障害のある子どもが障害を理由として無償のかつ義務的な初等教育又は中等教育から排除されないこと。

（b）障害のある人が、他の者との平等を基礎として、その生活する地域社会において、インクルーシブで質の高い無償の初等教育及び中等教育にアクセスすることができること。

（c）各個人の必要〔ニーズ〕に応じて合理的配慮が行われること。

（d）障害のある人が、その効果的な教育を容易にするために必要とする支援を一般教育制度の下で受けること。

（e）完全なインクルージョンという目標に則して、学業面の発達及び
社会性の発達を最大にする環境において、効果的で個別化された支
援措置がとられること。

❺ 日本型「インクルーシブ教育システム」

　日本政府は2007年に条約に署名し、国内法を整備して2014年に批准しま
した。しかしながら日本では、1947年の盲・聾学校の義務化を経て1979年
には知的障がい、肢体不自由、病弱（身体虚弱を含む）を対象とする養護
学校が義務化され、子どもたちを障がいの有無やその種別によって区分け
し、盲・聾学校や養護学校、特殊学級に振り分ける「分離教育」がすすめ
られてきました。また、その後「特殊教育」から「特別支援教育」への転
換が図られましたが、障がいのある子どもたちを「通常の学級」、「通級に
よる指導」、「特別支援学級」、「特別支援学校」に振り分けたうえで、障が
い児と健常児の交流を図っていくという「インテグレーション教育（統合
教育）」が、「合理的配慮」も不十分なままにすすめられています。

　これは、権利条約第24条のベースとなった「サラマンカ宣言」（1994
年）やSDGsが目指す「子どもは一人一人ユニークな存在であり、一人一
人違うことを前提に、最初から分けずに全ての子どもたちを地域の通常の
学校で受け入れていく」という、インクルーシブ教育の理念や指向性とは
異なるものです。そのためこの「日本型インクルーシブ教育」に対しては、
障がい当事者やNGO、人権関係諸団体、国連からも改善を求める多くの
意見が寄せられています。

※サラマンカ宣言とは

　1994年6月、スペインのサラマンカで開催された「特別なニーズ教育に
関する世界会議」には、国連および92カ国の政府、専門機関、25の国際組
織が参加し、「特別なニーズ教育における原則、政策、実践に関するサラ
マンカ声明ならびに行動の枠組み」を採択しました。

　声明では、誰もが特別な教育的ニーズを持つとされ、通常の学校内にす
べての子どもたちを受け入れる「インクルーシブ教育」の原則が国際的な

あり方として方向づけられました。障害者権利条約の教育施策はこの「サラマンカ宣言」がベースとなっています。

❻ 障害者権利条約「パラレルレポート」

　障害者権利条約では、第34条以下に条約の実施状況に関する国際的なモニタリング（監視）システムを定め、また、障がい者団体や市民社会団体の活動参加や意見提出を認めています。

　日本政府は、批准から2年以内と定められていた政府報告を、立法府も司法府も含めずに行政府のみで作成し、2014年6月に提出しました。この日本政府が提出した報告書に対しては、国内の各障がい者団体や日弁連等からもレポートが提出されました（条約批准以前は、対決色の強い「カウンターレポート」でしたが、現在は批准を受け、実現に向けた軌道修正を求める「パラレルレポート」としています）。

　各パラレルレポートの最大の争点は、第24条「教育」の部分であり、国連障害者権利委員会が具体的に否定した分離教育が改められていない点を指摘し、国連から日本政府にその説明と改善を求めることを要求する内容となっています。また、同様に既に否定されている「医療モデル」によって障がい者を規定し、就学相談（特別支援学校や特別支援学級の実質的指定）が行われている点が改善されていないなどについて、厳しい指摘がなされています。

　また、2009年内閣に設置された「障害者政策委員会差別禁止部会」が「障害者差別解消法」制定に向けた議論において「インクルーシブ教育」についての指摘を行っています。

　「日弁連」、「日本障害フォーラム」、「公教育計画学会・障害児を普通学級へ全国連絡会」から提出されたパラレルレポートの一部と、「差別禁止部会」の提言を紹介します。

日本弁護士連合会（日弁連）報告書

　日弁連の報告書（「障害者の権利に関する条約に基づく日本政府が提出した第1回締約国報告に対する日弁連報告書〜リストオブイシューズに盛

り込まれるべき事項とその背景事情について〜」）では、（通常の学校ではなく）「別の場所での特別支援教育が推進されており、実際上も特別支援教育で学ぶ子どもたちが激増している。日本においては、むしろ分離が積極的に進められているのである」と分析し、日本政府の報告書に対しては、「締約国報告で述べている障害学生支援は、分離を原則とした特別支援教育を前提としている。これをもって合理的配慮というのは詭弁である」と厳しい指摘をしています。

　また、「通常学校に就学した児童生徒に対する合理的配慮についての言及がない」、さらには、通常学校に就学している児童生徒に対し「合理的配慮が提供されていない結果、付添い等保護者の負担も大きい」と指摘しています。

日本障害フォーラム（DJF）のパラレルレポート

　2004年に全国規模の13の障がい当事者団体や障がい関係団体によって結成された日本最大のネットワークである「日本障害フォーラム（DJF）」のパラレルレポートでは、「地域の通常学校・学級に通うことが原則になっていない」、「児童生徒数は999万人で減少傾向にある中で、2016年（平成28年5月）現在、特別支援学校には約7.1万人（0.71％）（平成17年比で1.3倍）、特別支援学級には約21.8万人（2.18％）（平成17年比で2.3倍）、通常学級の通級による指導に約9.8万人（0.98％）（平成17年比で2.3倍）とされている。第24条がめざすインクルーシブ教育が推進されていない」とインクルーシブ教育ではなく分離教育が拡大していることを指摘しています。

　また、「通常の学校では必要な学級規模の縮小が行われていない、学校施設のバリアフリー化等基礎的環境整備が不十分、合理的配慮が十分提供されていない等のため教育の質に大きな問題がある。一方、特別支援学校では生徒数の急増に教育条件の整備が対応できない深刻な状況である」、「文科省の『インクルーシブ教育システム』は従来の『特別支援教育』の枠に止まっており、通常の学校におけるインクルーシブ教育の実現のために実効性のある施策を実施し、かつその効果を検証することが必要である」、「現在の学習指導要領には『インクルーシブ教育』や、それを実現さ

せる『合理的配慮』への言及がない」と厳しい内容となっています。

　さらには、教育現場における過度な競争、エリート主義、能力主義の進行について「2010年『国連・子どもの権利委員会』最終所見勧告では、日本の教育に対し『高度に競争主義的であり、いじめ、不登校・登校拒否、中退および自殺につながること』を懸念し、『子どもの発達をゆがめるほどの過度に競争主義的な教育』の改善を求めたが、現状はよりいっそう競争主義的な教育が激しくなっている。エリート主義、能力主義が進行したことにより、貧困世帯の子どもの学力低下が顕著であり、いじめ不登校問題が深刻化するとともに、障害のある子どもが通常の学級から大量に排除され、本来なら入るはずのない子どもが特別支援学級や特別支援学校に入る状況が生まれている」と指摘しています。

　また、小中学校の障がい児童生徒の受け入れにおける課題として、「義務教育課程においては、必要な支援と合理的配慮の提供については、どの学校、どの学級に籍を置くかによって大きな差が出てしまう仕組みとなっている。『多様な学びの場』ということがいわれているが、原則インクルージョンという方向性が明確でないため、何かの支援・配慮を受けるのであれば支援学級や支援学校へ、という『圧力』が保護者・本人にかかり、通常学級で学びたくてもあきらめざるを得ない事例が多発している」、「市町村教育委員会や学校によって、特別支援学校や学級への就学を誘導されることも多い。この場合、合理的配慮の提供体制が理由とされる場合が多い。例えば、保護者の協力が条件とされることなど通常学級に就学を望む本人保護者には様々な覚悟を強いる状況となっており、希望する地域の学校に通えない事例が多数起きている」、「合理的配慮の提供体制について条約第5条3項や同24条2項等で、締約国の政府（自治体を含む）が合理的配慮の提供についてのすべての措置をとることになっているが、政府や自治体による財政措置を含む立法措置による法令上の裏付けを整備すべきである」と指摘しています。

公教育計画学会のパラレルレポート

　「公教育計画学会・障害児を普通学級へ全国連絡会」は、国連障害者権利委員会に対し、以下の勧告を行うよう意見書を提出しています。

1　日本政府は障害者権利条約を遵守し、インクルーシブ教育を推進すること。

　　1）日本政府は、インクルーシブ教育の定義を障害者権利条約に基づいて正しく理解し、障害児の教育に関わる全ての法律と制度を、インクルーシブ教育を推進するものに改正すること。

　　2）インクルーシブ教育を進めるために、普通学級に在籍する障害のある子ども数を増加させるための数値計画を策定すること。

2　すべての子どもが安心して学べるよう、学校を改革すること。

　　1）日本政府は、すべての子どもの多様性を受け入れるインクルーシブ教育を推進できるよう、学校を改革すること。

　　2）少人数学級制度を確立し、障害のある児童生徒が普通学級に在籍する場合に複数の教員が配置できるよう、「公立義務教育諸学校の学級編制及び教職員定数の標準に関する法律」（教職員定数法）を改正すること。

3　障害のある子どもの普通学級への就学を拒否しないこと。

　　1）日本政府は、学校の体制や予算、安全などを理由として、障害のある子どもの普通学級への就学及び在籍を制限・拒否しないこと。

　　2）障害のある子どもの学籍を、原則普通学級にするよう法を改正すること。法改正までは、本人・保護者の意向に従って就学先を決定すること。

　　3）高等学校、大学の入学試験や進級時の評価において合理的配慮を保障すること。将来的には、選抜入試制度を廃止し、希望者全員入学の制度に改めること。

4　合理的配慮を保障すること。

　　1）日本政府は、障害のある子どもが学校生活を送るための合理的配慮に必要な予算を確保すること。

　　2）障害のある子どもの保護者への学校での付き添いやその費用の負担をなくすこと。

　　3）「高齢者、障害者等の移動等の円滑化の促進に関する法律」（バリアフリー新法）を改正し、法的義務の対象施設に幼稚園、小学校、中学校、高等学校、大学を入れること。

　　４）行政から独立した第三者による異議申し立て機関を創設すること。
5　障害の早期発見・早期支援をインクルージョンを促進するものにすること。
　　１）早期発見・早期支援はインクルージョンの方向性を持ち、就学前の保育や教育はインクルーシブな環境で行うこと。
　　２）教育委員会は、就学相談において障害のある子どもが普通学級で学ぶことができるという情報を保護者に積極的に提供すること。
6　障害者権利条約や人権モデルの教育を行うこと。
　　１）現行の教員研修や教員養成課程の内容を見直し、障害のある子どもの保育、教育、福祉に関係するすべての者に、障害者権利条約や人権モデルに関する知識を習得させ、インクルーシブ教育を推進し実践できるよう教育を行うこと。
　　２）すべての子どもが、インクルーシブ教育に関する人権教育を受けること。

内閣府「差別禁止部会」提言

　障害者権利条約の締結に必要な国内法整備の集中的な改革を行うため、2009年内閣に設置された「障害者制度改革推進本部」（本部長内閣総理大臣）障害者政策委員会差別禁止部会は「障害者差別解消法」制定に向けた議論において「インクルーシブ教育」について以下の指摘を行っています。
　「インクルーシブ教育という考え方を、初めて、国際的に認知したユネスコの『サラマンカ宣言』（1994年）では、通常学校以外に就学する場合の要件として、『特殊学校もしくは学校内に常設の特殊学級やセクションに子どもを措置することは、通常の学級内での教育では子どもの教育的ニーズや社会的ニーズに応ずることができない、もしくは、子どもの福祉や他の子どもたちの福祉にとってそれが必要であることが明白に示されているまれなケースだけに勧められる例外であるべきである』ことが示されている」、そして、「障害者権利条約にあるインクルーシブ教育制度は、上記のような経過を踏まえたものであるため、特別学校における教育は原則としてインクルーシブ教育とはいえないことを前提として議論がなされた」と説明したうえで、「我が国は、障害の種類と程度によって定めら

た基準に該当する場合には、原則として特別支援学校に就学先を決定する仕組みになっていることから、少なくとも、先に述べた障害者権利条約第24条の第1項及び2項に抵触しているといわざるをえない状況である」、「本法（障害者差別解消法）においても、この条約を踏まえて、この分野における不均等待遇や合理的配慮の不提供が障害に基づく差別であることを明確にして、これを禁止することが求められる」と提言しています。

❼ 障がい者と共に学び、共に生きることの意味

　障がい者に対する教育施策について文部科学省は「個別の教育的ニーズ」を理由として障がい者を健常者と分離し、特別支援学校や特別支援学級に就学させる教育システムを多年にわたり続けてきました。これは、障害者権利条約第24条第2項に定められた「障害を理由として一般教育制度から排除されないこと」、「障害を理由として無償のかつ義務的な初等教育又は中等教育から排除されないこと」というインクルーシブ教育の原則とは異なる流れであり、本来であれば障害者権利条約の発効とともに改善されるべき課題でしたが、いまだにその流れは変わっていません。施設改修や人員配置等さまざまな克服すべき課題はたくさんありますが、現実の課題を一つひとつ解決しながら、どのような指向性を持って目指すべき未来像に向かっていくのかが問われています。

　さまざまな危機を乗り越え持続可能な新たな社会を創造していくうえで、多様性（ダイバシティ）と包摂（インクルージョン）が極めて重要なキーワードであることが指摘されています。学校は地域の縮図であり次世代を担う市民が育つ公共空間です。SDGsの求める「誰一人取り残さない」社会を創っていくうえでも、学校は、障がい者や外国人、LGBT等のマイノリティの人たちを含め、違いや個性を認め合う、地域のすべての子どもたちの共に学び合う場であるべきと考えます。

　私は、障がいのある子どもたちと接することで、健常な子どもたちや教職員だけでなく、地域の市民さえ優しい感性を身に付けて地域社会全体が成長していく姿をたくさんみてきました。「将来の変化を予測することが困難な時代」だからこそ、多様性を包摂するインクルーシブ教育には、新

たな学校の可能性を生み出すヒントが隠されていると感じています。

※さくら草特別支援学校での経験から

　私は、2012年度に開校した「さいたま市立さくら草特別支援学校」に開校から5年間、学校事務職員として勤務しました。さいたま市では障害者権利条約の趣旨を踏まえ、2012年4月1日「さいたま市誰もが共に暮らすための障害者の権利の擁護等に関する条例（ノーマライゼーション条例）」を施行しました。将来的には特別支援学校を無くしていくという条例の施行日に開校した、重度重複障がいの特別支援学校でもあります。

　ノーマライゼーションの趣旨を踏まえ、あえて市街地に建設された学校ですが、開校にあたっては地域の強い反対運動があり、「障がい者なんか見たくない。カーテンは決して開けるな」、「家の前の道路をスクールバスが通ることも認めない」という状況のもとでの新設校開設でした。

　着任後、地域の方々との接点でわかったことは、ほとんどの住民が今までの人生で障がい者と接したことがなく、地域の障がい者の存在さえ知らない状況にあるということでした。学校では、最初は拒否されたりしましたが、定期的に子どもたちと近隣の家庭を訪問してコミュニケーションを図り、文化事業団によるコンサートや体育祭、卒業式等の行事に地域の方を招待し、災害避難所訓練を地域と連携して運営するなど、子どもたちと一緒に積極的な働きかけを続けていきました。一時一時、一日一日を一生懸命生きている重度障がいの子どもたちと、献身的に動く教職員や看護師の姿を見るなかで、当初敵対的であった地域の皆さんは、驚くほどの変化を遂げていきます。

　道で会えば子どもたちを抱きしめて優しい声をかけ、「災害時には私たちが助けにいく」、「実は高齢者を含め地域にはたくさんの障がい者がいた」、「ボランティアで協力させてほしい」、「この学校ができて地域全体が優しくなった」等の声が寄せられるようになりました。

　希薄化するコミュニティのなかで人々は孤立し、不安から攻撃的な感情が拡がっています。障がいのある子どもたちとの接点が地域を優しく変え、開校の2年後には、地域のコミュニティ拠点として県表彰を受けるほどになりました。障がい者は他者への温かさをつくり、人と人を結び合うキー

パーソンとなります。障がい者が地域にごく自然に存在し、日常的に接して支え合い、共に生きるなかで健常者はたくさんのことを学んでいきます。「考えてみたら、私たちも最後はみんな障がい者になるのよね、自分たちのためにも優しい地域にしとかなくちゃ」という言葉が印象に残っています。

　2019年11月8日、れいわ新選組の舩後靖彦議員は参議院文教科学委員会において以下のような発言をしています。「幼少期から保育園、幼稚園、小学校などで共に学び、育つことが大切だと考えています。障害の有無にかかわらず、原則として地域の学校で学ぶ方向へ転換すべきではないでしょうか」。障がい当事者として生きてこられた経験からの重い言葉です。私たちは、障がい者と共に学び、共に生きることの意味を今一度考えてみるべきではないでしょうか。

⑧ 福祉のまちづくり政策と学校施設

　福祉のまちづくりの分野では、権利条約批准や障害者基本法の改正、差別解消法の成立等を受けた改革が次々と実行に移されています。2006年には、ハートビル法と交通バリアフリー法を統合したバリアフリー法（新法）が成立し、2016年の「障害者差別解消法」を受けて2018年には障がいの概念を「医療モデル」から「社会モデル」に転換するバリアフリー法の改正が行われました。また、2020年5月にはバリアフリー法が再度改正され、地域の障がい児の受け入れや避難所としての機能を考慮し、公立小中学校を「特別特定建築物」に指定して「建築物移動等円滑化基準適合義務」の対象（2021年4月施行）としました。さらに、「学校教育との連携等による『心のバリアフリー』の推進（主務大臣に文科大臣を追加）」については、この再改正を受けて、既に2020年6月19日から先行して施行されています。

　これらの動きを受けて各自治体では、福祉条例や建築基準法付加条例等の制定、まちづくり指針等の改正作業が連動してすすめられています。また、東京パラリンピックを機に共生社会の実現を図るために作成された「ユニバーサルデザイン2020行動計画」では、「障害の社会モデル」の視点

に立ち、障がい当事者が基本計画から評価会議まで参画する「インクルーシブリサーチ」の手法も導入され、「インクルーシブ社会」の実現に向けた福祉のまちづくり施策は着実に前進しています。

　しかしながら、学校現場は大変厳しい状況のまま改善は遅々としてすすんでいません。2020年5月のバリアフリー法改正によって、2021年4月1日より、特別支援学校に続き小中学校についても「特別特定建築物」に指定され、努力義務から「適合義務」の対象となりましたが、バリアフリー化の義務は新築時と大規模改修時に限られています。車椅子で学校生活を送れる施設の割合も極めて低率となっており、障害者権利条約の「障害者が障害を理由として一般的な教育制度から排除されないこと及び障害のある児童が障害を理由として無償のかつ義務的な初等教育から又は中等教育から排除されないこと」は、ハード面を見ても極めて不十分な状況にあります。学校は、福祉のまちづくりのエアーポケットのように、地域から取り残されています。

　今後、地域の学校に就学を希望する障がい児への「合理的配慮」や、学校運営への障がい当事者の参画等では、学校教育施策と福祉のまちづくり施策との齟齬を生じないよう、整合性を図っていくことが必要となってきています。

❾ 学校施設 BF・UD 化の現状と課題

　インクルーシブ教育を進めるうえで、学校施設はハード面での多くの課題を抱えています。2002年に閣議決定された「障害者基本計画」では、ユニバーサルデザインの観点から学校施設のバリアフリー化の推進を求めており、2002年改正の「高齢者、障害者等の移動等の円滑化の促進に関する法律」（改正ハートビル法）では、学校施設が新たにバリアフリー化の努力義務の対象として位置づけられました。これを受けて文部科学省は2004年3月「学校施設のバリアフリー化推進指針」を作成し、翌年には事例集を発行しています。

　この指針では、「障害のある児童生徒等が安全かつ円滑に学校生活を送ることができるように、学校施設において個々のニーズに応じた対策を実

施することが必要である」との基本的な考え方を示したうえで、新たに学校施設を整備する際には、「児童生徒、教職員、保護者、地域住民等の多様な人々が利用しやすいように、ユニバーサルデザインの観点から計画・設計するよう努める」とし、既存施設についても「計画的にバリアフリー化を推進することが重要である」と示しています。また、バリアフリー化された学校施設は「障害者に対する理解を深める学習効果が期待できる」ことや、災害時の避難所として機能面からもバリアフリー化が重要であることを指摘しています。

　これらの流れを受けて多くの地方公共団体では、老朽化のすすむ校舎の耐震補強工事等と併せて学校施設のバリアフリー化をすすめることが計画されましたが、相次ぐ大規模震災によって学校施設の耐震化率を引き上げることが最優先され、バリアフリー化改修工事が取り残される結果となってしまいました。

❿ 研究者と連携した全校バリアフリー調査

　さいたま市では政令市移行に伴い、2004年に「さいたま市だれもが住みよい福祉のまちづくり条例」を定め、2011年には「さいたま市誰もが共に暮らすための障害者の権利の擁護等に関する条例」を制定して、学校施設を病院やホテル等と同様の「生活関連施設」に位置づけ、バリアフリー・ユニバーサルデザイン化を積極的に推進することとしました。しかしながら、実態は老朽化した校舎の修繕や耐震化改修等に追われ、新設校以外のバリアフリー・ユニバーサルデザイン化はほぼ手つかずの状況となっていました。

　そこで市の事務研（市教研事務部会）では、2010年、東洋大学のライフデザイン学部髙橋儀平教授（さいたま市福祉のまちづくり協議会会長）の研究室と連携し、市内の小・中・特別支援学校を対象に学校施設のバリアフリー化の実態と、車椅子で職員室や教室にたどり着ける学校数、各校事務職員（学校財務事務取扱要綱で施設管理担当者として職指定）の意識等を調査して課題を整理することとしました。

　この調査の結果、さいたま市の学校では車椅子利用者が介助なしで２階

以上の教室に移動可能な学校は２割にも達せず、「人が利用できるエレベーターがない」、「学校の受付自体も２階に設置されており、受付すらできない」、「車椅子トイレが整備されているがそこに行くまでの介助が必要」、「職員玄関、昇降口、来校者玄関すべて段差があるため建物自体に入れない」、「体育館のステージにあがれない」等の驚くべき回答が寄せられました。

　学校事務職員からは、段差解消や手すりの設置、人工呼吸器用コンセントの取り付け、上肢障がいのある生徒に配慮した蛇口の交換、発達障がい児への騒音防止のための椅子の脚へのテニスボール取り付け等の実践が報告され、限られた予算のなかで苦労しながらも対応している姿が明らかとなりました。また、調査を契機に「インクルーシブ教育についての自己学習を始めた」、「障がい児を理解するためにボランティア活動に参加している」等の前向きな取り組みも寄せられましたが、多くの事務職員からは、わずかな配当予算での対応には限界があり、市の政策として学校施設の計画的な改修工事を求める意見が多数寄せられました。

⓫ 「学校事務職員が重要な役割を担う」

　調査結果を踏まえた髙橋教授の研修会には、市教委や市長部局の関係各課、市会議員の参席もあり、髙橋教授からは「学校建築のバリアフリー・ユニバーサルデザイン化の整備状況は、圧倒的に既存施設が多いこともあり、まだまだ不十分であり、教育施設かつ地域の拠点施設としてさらなる改善が求められる」、今後の課題として、「①教職員が障害に関する知識習得や理解を深められる機会を設けること、②建築環境のバリアフリー・ユニバーサルデザイン化にあたり効率的・合理的な計画や手法を確立すること、③またこれらを円滑に進める人材・予算等を含めた総合的な体制を整備すること」が指摘されました。

　また、各学校で予算や施設管理を担当する「学校事務職員がバリアフリー・ユニバーサルデザイン化を理解していることが学校整備においてかなり重要な役割を担うということである。すなわち、学校建築のバリアフリー・ユニバーサルデザイン化を進める上で、これらに関する知識習得の

機会を設けることの重要性が示唆される」との見解が示されました。

　研修会に参加した車椅子の市議からは、早速一般質問で学校施設のバリアフリー・ユニバーサルデザイン化を求める意見が出され、関係各課でも改善に向けた調査を開始しました。自治体として学校施設のバリアフリー・ユニバーサルデザイン化を計画的にすすめていくためには、従来の予算編成の枠組み（経常費）や国庫負担金のみに依存した財源確保からは難しく、市長のリーダーシップのもとに、市としての独自財源も活用した長期的な計画が不可欠と考えます。

　学校施設のバリアフリー・ユニバーサルデザイン化改修工事は、学校配当予算による個々の学校での対応では極めて困難といえますが、研修会以降、学校事務職員の問題意識は明らかに向上し、多くの学校から営繕工事（大規模改修工事）の年次要求にもバリアフリー改修が盛り込まれるようになりました。

　学校において財務と施設管理を担当する事務職員が、自校の課題や障がいのある児童の実態を把握し、福祉のまちづくり施策やインクルーシブ教育への理解を深め、改善のためのプランを策定して担当部局と調整を図っていくことは、今後、極めて重要となっていくと考えます。

　髙橋教授にはその後、調査結果から緊急的な改修が必要と思われる学校の施設改修への協力や出前授業をお願いし、また、こちらが東洋大学の授業を担当する機会もいただきました。なお、この調査研究については、2012年に小倉で開催された日本福祉のまちづくり学会第15回全国大会において、「学校建築におけるバリアフリー・ユニバーサルデザイン化の実態と課題―さいたま市内の小中学校を事例として―」として報告しています。

※バリアフリー関連法の主な動き

・1994年、ハートビル法（「高齢者、身体障害者等が円滑に利用できる特定建築物の建築の促進に関する法律」）施行。学校は「特定建築物」の対象外とされる。
・2003年、ハートビル法改正。特別支援学校を「特別特定建築物」の対象として適合義務を課したが、その他の学校は「特定建築物」の対象として努力義務となる。

- 2006年、バリアフリー新法（「高齢者、身体障害者等が円滑に利用できる特定建築物の建築の促進に関する法律」）施行。ハートビル法と交通バリアフリー法を廃止して新法を制定。障がい者の対象を知的障がい者、精神障がい者、発達障がい者に拡大。特別支援学校を除く学校施設を「特別特定建築物」に指定することは見送られる。

- 2011年、障害者基本法改正。「国及び地方公共団体は、障害者の教育に関し、調査及び研究並びに人材の確保及び資質の向上、適切な教材等の提供、学校施設の整備その他の環境の整備を促進しなければならない」（第16条4）と規定。インクルーシブ教育をすすめるための環境整備について、国および地方公共団体の責務を定める。

- 2014年、国連障害者権利条約批准。

- 2016年、差別解消法（「障害を理由とする差別の解消の推進に関する法律」）施行。障がいを理由とする差別の禁止、合理的配慮（行政機関等については義務、民間は努力義務）、障害者差別解消支援地域協議会の設置等を規定。

- 2018年、バリアフリー法改正（2018年改正）。国連障害者権利条約の理念規定、社会的障壁の除去、共生社会の実現を明記し、東京パラリンピックに向けて現行法の課題に対応。交通事業者の「心のバリアフリー」、市町村でのバリアフリー基本構想の策定と情報開示、障がい当事者の参画による評価会議の設置等が追加された。障がいの概念を「医療モデル」から「社会モデル」に転換したことは特筆すべき。すべての学校施設を「特別特定建築物」に指定することは見送られる。

- 2020年5月、バリアフリー法改正（2020年改正、2021年4月施行）。公立小中学校が「特別特定建築物」に指定され「適合義務」の対象となる。バリアフリー化の義務は新築時と大規模改修時に限られるが、文部科学省による財源確保や自治体の判断による学校施設のバリアフリー・ユニバーサルデザイン化が一層すすめられることが期待される。参議院での法案審議では、「インクルーシブ教育の推進及び災害時の避難所として利用する必要性から、設置主体の別、規模を問わず、高校、大学も含めた全ての学校施設のバリアフリー整備を推進すること」との附帯決議が採択された。

⓬ 世界中で拡がりをみせるスヌーズレン（MSE）

　スヌーズレンは1970年代後半に、オランダの知的障がい者施設で重度知的障がい者をサポートするために開発されました。「スヌッフェレン」（探索する）と「ドゥーズレン」（リラックスする）という言葉の造語で、「多重感覚環境」MSE（Multi-Sensory Environment）とも表現されます。スヌーズレンルーム（センサリールーム）では、「光」、「音」、「香り」、「振動」、「温度」、「触覚の素材」等を組み合わせた快適な環境のもとで、利用者と介助者が相互に働きかけたり、感覚を共有しながらリラックスした時間を持ちます。

　開発当初は、重度知的障がい者のリラクゼーションを目的に始められましたが、その後世界中の研究者や実践者によって効果が検証され、現在ではさまざまな分野に応用されています。知的障がいや身体障がいのある人の福祉、高齢者施設での介護、うつ病、不安障がい、PTSD、末期患者へのセラピー、自殺カウンセリング等の心理的ケア、健常な幼児の保育等の他、学校における自閉スペクトラム症や発達障がいのある子どもへの対応、不登校、教育相談での効果も実証され、世界中の福祉施設や病院、学校等への導入が拡がりをみせています。また、近年では企業内や病院に職員用スヌーズレンルームやスペースを設置し、休息やリフレッシュ、ストレスの解消に活用され、作業効率の向上や帰宅後の家庭生活にストレスを持ち込まない効果さえ期待されています。

　また、イングランド・プレミアリーグのスタジアムでは既に、自閉スペクトラム症や感覚過敏の症状により、大観衆の人混みや大音量の歓声への対応に悩みを抱える子どもたちのためのセンサリールームが設置されており、欧米や豪州を中心に、サッカースタジアムや野球場、屋内アリーナなどのスポーツ施設での設置が広まりつつあります。日本でも川崎フロンターレが2019年7月27日に開催された大分トリニータとの試合で、等々力陸上競技場にセンサリールームを設置し、川崎や大分の発達障がいの子どもたちが試合観戦に参加しました。また、広島市に建設が予定されている中央公園のサッカースタジアム（仮称）でもセンサリールームの設置が検討されています。

　福祉のまちづくり学会の研究会では、イングランドを視察した自閉症の子を持つ母親から、「どうしてセンサリールームを造ったのですか」との問いに対して、チームの若いマネージャーから「たとえ少人数であっても、すべての人がサッカーを楽しむ環境を準備することはあたりまえでしょう」という答えに感動したという報告がありました。現在イギリスでは障害者権利条約に基づくインクルーシブ教育を推進するため、Special School（日本の特別支援学校に相当）の数を減らして、重度障がいのある子どもを含め地域の学校の通常の学級への就学を着実にすすめています。身近な生活空間にさまざまな障がいのある友だちが普通にいて、一人一人が健常者と同じように過ごせることが当たり前という価値観が、市民社会のなかに定着してきています。

　わが国においても、「ユニバーサルデザイン2020関係府省連絡会議」の行動計画により、成田国際空港、羽田国際空港ターミナルを「世界のトップレベルのユニバーサルデザイン水準を目指す」計画がすすめられています。既に、両空港には、発達障がい者のためのカームダウン、クールダウンスペースが設置されており、今後さまざまな公共施設や公共空間への設置をすすめることが計画されています。

　発達障がい者のなかには、騒音、慣れない場所にある音や光、さまざまな情報、人込みなどから不安になる感覚過敏の方がいます。心を落ち着かせるスペースの設置は、「障がいの社会モデル」による「合理的配慮」の観点からも必要とされています。

⓭ さいたま市初のスヌーズレンルームを設置

　ノーマライゼーション条例の施行日に開校した「さいたま市立さくら草特別支援学校」は、小学部、中学部、高等部の合計33名の重度重複障がい児童生徒が在籍し、コージェネレーションシステムによる発電熱によって、床暖房や温水プールへの温水を供給するエコスクールで、ノーマライゼーションの精神からあえて住宅街に囲まれた場所に建築されました。

　私は、開校時メンバーとしてこの学校に着任しましたが、着任後、多くの課題の解決に追われることになります。

施設面では、児童生徒の安全対策が極めて不十分、給食室が衛生基準に不適合、送迎する保護者やスクールバスの動線を考慮していない校舎配置、熱効率計算のミスによる冷暖房能力の不足、職員の休憩スペースの不足等の問題点があり、市教委や財政当局との協議を経ながら財源を確保し改修をすすめていきました。

　このなかで、さいたま市の公共施設としては初めての試みとなるスヌーズレンルームを設置することにしました。学校配当予算や市教委執行の修繕費等を工面し、スヌーズレン関係企業（リラクリエーション・プロジェクト株式会社、三笠産業株式会社）からの物品無償貸与、東洋大学嶺研究室との連携、地域のライオンズクラブからの寄付等の支援を受けて、ホワイトルームとブラックルームの2室を整備しました。

　内壁を全面塗装してカーペットを敷き込み、音響装置、照明、プロジェクター、ブラックライト、バブルタワー、サイドグロー、アロマディフューザー、大型クッションを設置し、光るおもちゃや蓄光性のクレヨンやペーパー、バイブレーターを置きました。また、指導者を招いてスヌーズレンの基礎知識や活用法の校内研修会を実施し、自立活動として全学年の指導計画に位置づけて活用を図っています。

　子どもたちにも大変好評で、精神的・身体的な緊張感からの解放や感覚認知による対象への主体的な働きかけ、興奮状態の鎮静化等の効果が認められ、併せて、教職員のストレス解消にも役立っています。

　このスヌーズレンルームについては、さいたま市議会でもたびたび取り上げられ、賛否両論のなかで市長も視察に訪れました。市長は自らスヌーズレンを体験し、効果を確認して市議会で答弁し、その後開設された「さいたま市子ども家庭総合センター」にもスヌーズレンルームを導入することを決定しました。

　行政は、新たな試みに対しては「先例がない」とか「効果が立証されていない」等の批判があり、また、他校とのバランスや費用対効果を理由に潰されてしまうケースも多々ありますが、研究者との連携を図りながらエビデンスを積み上げ、子どもたちの学習環境の改善になることを立証することで実現を図っていくことが可能となります。

⓮ 通常学校でのスヌーズレンルームの活用

　スヌーズレンについては前述のとおり、重度の知的障がい者だけでなく、発達障がいや不登校の子ども、心理的ストレスを抱える大人たちにも効果があることがわかってきましたが、国内の通常の小中学校にスヌーズレンルームが設置されている事例は少なく、その効果についてはいまだ研究段階と言えます。

　私が、2017年にさくら草特別支援学校から異動したさいたま市立高砂小学校にはきこえとことばの通級指導教室が設置されており、多い時には100名以上の児童が通級していました。また、校内にはさまざまなニーズを抱える子どもたちが存在しており、異動後の学校にもスヌーズレンルームを設置することにしました。通級指導教室にあった防音室を改造して照明、カーペット、音響装置、アロマディフューザー、大型クッションを設置し、光るおもちゃ等を置いています。また、対象となる児童や職員のニーズを考慮して、壁面にプロジェクターで海中や森林の映像を投影し、ヒーリングミュージックを流しています。

　児童の活用については、ことばの教室での吃音指導の際のリラックス効果や個別指導、交通事故による PTSD 対応等、まだ十分に活用できている状況にはありませんが、職員には大変好評で仕事に疲れ切った時のリフレッシュやストレス解消のスペースとしての活用も期待されています。

　ISNA 日本スヌーズレン総合研究所による実践研究では、通級指導教室内に張られたテントによるスヌーズレンスペースを活用して、不登校児童が「母親との分離」から「学校での居場所づくり」、「通常教室への挑戦」の段階を経て、約 1 年後には通常教室を基盤に生活できるようになったことが報告されています（2020年 3 月「スヌーズレン教育・福祉研究」、「社会不安障害のある児童の通常学級への適応過程におけるスヌーズレン教育の意義―小学校の通級指導教室での実践を通して―」東法子、姉崎弘）。その考察からは、スヌーズレンが「教室へ向かうための心を落ち着ける場として機能」し、「他の児童と複数でスヌーズレンに共感し合い」、「自分の好む環境で、主体的に活動することを前提にした人間関係が保障されている」ことを評価しています。今後、多様な子どものニーズに応える教育

環境のひとつとして整備されていくことが期待されます。

⓯ カラーユニバーサルデザインについて

　人の目の網膜には色を感じる視細胞があり、この働き方によって色覚はいくつかのタイプに区分されます。合理的配慮が十分に整っていない社会では、この色覚のタイプによって男性の約5％〜10％（女性は極少数）が「色弱者」として区分されてしまいます。平成28年度から学校では、希望する児童生徒に対して視覚検査が再開されましたが、検査実施後も学校現場では、色弱児童生徒に対しての合理的配慮は十分になされていない状況にあり、当事者の視点に立った改善が求められています。

　色弱者への合理的配慮は、色弱者個人に原因があるとする「医療モデル」の視点ではなく、環境や社会の障壁に原因があるとする「社会モデル」の視点で解決を図っていくことが必要です。また、色弱者のみを対象とする個別対応ではなく、ユニバーサルデザインの視点から、伝える内容を整理し、誰にとっても見やすい表現とすることが求められています。

　現在、多くの学校では色弱者対応「eye チョーク」が採用されていますが、カラーユニバーサルデザイン（CUD）は、チョークだけでなく、カラープリントを CUD 出力する、画やグラフ等の文字や線を太くする、線種を変える、色を文字で表示する、塗りつぶしの周囲を縁取りする、区分けしやすい色に組み合わせる等さまざまな方法で改善が可能です（カラープリント類をモノクロコピーでチェックすることも効果的です）。

　2020年度からの小学校教科書改訂からは、教科書はすべて CUD 対応となっています。また、学校で導入されるカラープリンタの多くは、セッティングによってカラーユニバーサルデザイン対応が可能となっています。

　教職員に対するカラーユニバーサルデザインの研修はほとんど実施されておらず、養成課程や初任研での必修化を含め早急に対応すべきと考えます。教育事務を担当する者が率先して研修に努め、環境整備面からの実践を先行的にすすめることで、校内での色弱の児童生徒や教職員への配慮を図る必要があります（NPO 法人カラーユニバーサルデザイン機構に連絡すれば、校内研修や出前授業への講師派遣も可能です）。

⓰ インクルーシブ教育のコストについて

　障害者権利条約第 2 条では合理的配慮について、「均衡を失した又は過度の負担を課さないもの」との規定があり、障害者差別解消法第 7 条 2 でも「その実施に伴う負担が過重でないときは」との規定があります。抽象的な表現のため、これを拡大解釈して財政的な負担を伴う措置は不可能との判断がなされることも時々見受けられます。特に、現在特別支援学校に在籍している児童生徒を地域の通常の学校で引き受けることになれば、バリアフリー改修や支援員等の配置に莫大な経費がかかり、財政的な裏付けが得られないため実現は困難とする見方もあります。そこで、特別支援学校と通常の学校で子ども 1 人当たりに実際どれほどの経費が掛かっているのか、比較調査を実施することにしました。

　2016年度に私が在職していたさいたま市立さくら草特別支援学校（以下、支援学校）と市内の小学校 1 校を対象に、2015年度に支出した経常経費の総額を市教委の関係各課の協力を得て調査したものが次頁の別表となります（金額については概算）。

　支援学校は12学級、児童生徒数32名、職員数50名。小学校は33学級、児童数1,016名、職員数72名です。やはり両校とも総額に占める人件費の割合は高く、支援学校で74％、小学校で79％、児童生徒 1 人当たりの人件費支出額は、支援学校で1,020万円、小学校で47万円となっています（業務委託職員の人件費は委託料に算入）。

　市教委が直接執行している市費の総額に占める割合は、支援学校で24％、小学校で 7 ％となり、児童生徒 1 人当たりの支出額は支援学校326万円、小学校4.2万円。市費学校配当予算の総額に占める割合は、支援学校で1.1％、小学校で1.6％、児童生徒 1 人当たりの支出額は支援学校で15.5万円、小学校0.9万円。保護者負担金の総額に占める割合は、支援学校で0.6％、小学校で12％であり、児童生徒 1 人当たりの支出額は支援学校8.8万円、小学校 7 万円となっています。支援学校の負担額が高額な理由は、児童生徒数が少ないことから給食費や校外活動費が割高となること。高等部の教科書代が有料であることが挙げられます。

　本題である、児童生徒 1 人当たりの年間公費支出額は、支援学校で1,347

学校トータルコスト（概算）特別支援学校と小学校の比較（2015年）

1　学校規模　　　　　　　　　　　　　　　　　（人）

	特別支援学校	小学校
教職員数（県費）	43	56
教職員数（市費）	7	16
児童生徒数	32	1,016
学級数	12	33

2　学校トータルコスト(概算)

	（円）		《参考》児童生徒数割	
	特別支援学校	小学校	特別支援学校	小学校
県費職員給与等	299,190,000	400,930,000	9,349,688	394,616
市費職員給与等	27,190,000	71,970,000	849,688	70,837
市教委措置予算	104,430,000	42,520,000	3,263,438	41,850
学校配当予算	4,960,000	9,510,000	155,000	9,360
保護者負担金	2,800,000	71,240,000	87,500	70,118
合　計	438,570,000	596,170,000	13,705,313	586,781

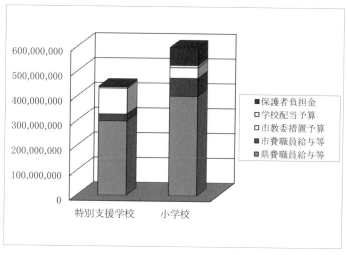

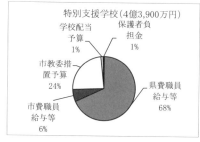

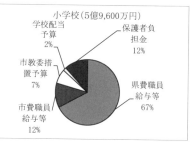

万円、小学校で51.7万円となっています。この他に支援学校には多額の投資的経費（建設費等）が投入されていることを考えれば、その資金を通常の学校で障がい児を受け入れる「合理的配慮」のために使用することも可能となります。多数の健常者にとって効率的な社会から、少数であっても一人一人の人権を大切にした社会への移行に伴い、「効率」とは異なる文脈から「財政」を考えていくことも必要ではないでしょうか。

⓱ 「東日本大震災復興支援」の経験から

　2011年、大震災から1カ月余りが経過した被災地に「東日本大震災復興支援チーム」（総務大臣要請）のメンバーとして派遣され、地震と津波、さらには原発事故によって甚大な被害を受けた福島の避難所運営を担当しました。また、現地では、各地の避難所を訪問して課題を調査し、全国から支援の手を差し伸べて活動していたさまざまなボランティア組織を支援するため、県の災害支援本部や内閣府に必要な物資を要求して調達することも行いました。

　復興支援チームは、24時間シフトで24時間連続した対応を迫られます。不安から深夜に相談に訪れる避難者や、大人も不安定な精神状態のため子どもに厳しくあたる保護者もいて、常に子どもたちはメンバーのもとから離れず、さまざまなボランティアとの対応もあるため、早朝から深夜まで避難所運営業務に追われる生活が続きます。市職員は8：30〜17：00の勤務となっていますが、毎日担当者が入れ替わるために避難者との関係性もほとんど持てず、行政職員間での顔合わせも行われません。一方、さまざまなニーズを受け止めて対応する支援スタッフには、避難者も多くの信頼を寄せてくれます。

　その後の各地の避難所運営を見ても、行政職員の勤務シフトと交代制は同様の形態をとっているところが多く、同一の担当者が連続して担当するなどの改善が必要と思われます。避難所運営で最も重要なのは、現在と将来に不安を抱える避難者に対する、当事者の立場に立ったきめ細かなフォローアップによって、避難住民との信頼関係を構築していくことであると痛感しました。

避難所調査では各県の主に小中学校の避難所を訪問して施設面や運営面での課題を聞き取り調査しましたが、特に印象的だったことが2点あります。ひとつは「トイレ問題」です。ほとんどすべての避難所でトイレが避難所生活を決定する最大の要因となっていました。5K（暗い・臭い・汚い・怖い・壊れている）と言われる学校トイレへの不満は大きく、特に洋式化率が極めて低いことが高齢者や障がい者にとって大変厳しい状況を産み出していました。足腰の弱い高齢者にとって和式トイレを介助なしに利用することは難しく、数少ない洋式トイレの前には常に高齢者が行列をなしていました。また、避難所生活で最も危惧される感染症へのリスクも湿式トイレは高く、トイレがネックとなって避難所を出ざるを得ない高齢者や障がい者も少なからずいたようです。学校は教育活動の場であるとともに災害時には地域の避難所としての機能を求められます。トイレの洋式化、ドライ化による改修は喫緊の課題であると、改めて認識しました。

　印象に残ったもうひとつの点は、避難所運営における女性の役割です。避難所生活を決定するのはT（トイレ）、K（キッチン）、B（ベッド）の3つの要素と言われます。この3点が整備されていれば2次災害は防げますが、どの避難所を訪問しても避難所を切り盛りし、TKBを管理しているのは女性たちでした。しかしながら、自主防災組織の主要ポストを構成しているのは自治会長等の地域の男性たちであり、運営を決定するプロセスに女性たちはほとんど参加できていませんでした。今後の地域防災計画や避難所運営を考えるうえで、女性の参画をどのように図っていくのかはとても重要な点であると思います。

⑱ 熊本地震調査研究チームに参加して

　2016年4月に発生した熊本地震は関連死を含む264人の死者と2,730人の負傷者（2018年4月段階）、20万棟にも及ぶ建物被害を発生させました。ピーク時の避難所は885カ所にも達し、避難した人も18万人以上（熊本県人口の約1割）となりました。

　私の属する「日本福祉のまちづくり学会」では、「熊本地震における学校施設の避難所運営と環境整備の課題」をテーマに、2016年9月、調査研

究チームを派遣し、2014年 4 月に開校した「熊本県立熊本かがやきの森支援学校」を中心に、建築物の被災状況と特別支援学校が災害時に果たす避難所機能、重度重複障がいを抱える児童生徒の被災時および被災後の状況について調査研究を行いました。

　私は、校舎の設計者（日建設計）と共に研究者（東洋大学ライフデザイン学部教員）に同行して支援学校の管理職、PTA 役員、益城町中学校教員等のヒヤリングに同席し、また、熊本市の元学校事務職員宮崎吉克氏と共に、熊本市、益城町の学校を含む公共施設の被災状況と避難所について調査を行いました。

　かがやきの森支援学校は、2013年11月竣工の木造校舎（一部 RC 造・鉄骨造）、延べ面積は6,160㎡の 1 階建校舎で、総工費は25億円、小学部から高等部までの26学級に重複障がいの67名が在籍しています。

　採光のため大判のガラス約800枚が使われていますが、木造建築の柔軟性からか震災では 1 枚の破損もなく、極めて安全性の高い素晴らしい建築物であることが証明されました。

　避難所の開設は前震後の 4 月15日午前 1 時、その後、 4 月16日 1 時25分に本震があり、指定避難場所に指定されていないにもかかわらず周辺の地域住民が続々と体育館に避難してきました。ピーク時の避難者は約700名で、支援学校の児童生徒については延べ14家族、約60人が一般の避難者とは区分された教室棟で避難生活を開始しました。

　被災当日の管理職の機転の利いた判断で、一般の避難者を体育館に限定したことで、支援学校の児童生徒とその家族の居住スペースが確保され、感染症への対応も可能となりました。体育館にはペットも同居となったため、校舎全体の糞尿処理は、 5 月10日の学校再開以降の事後消毒を含め教職員の大きな負担となったとのことです。

　県立学校は市の指定避難場所になっていないため、当初は市の職員も派遣されず、救援物資の配送も行われませんでしたが、市民は、県立であっても設備の整った学校が近くにあれば当然避難してきます。県では、支援学校を福祉避難所に指定する方針ですが、学校側の意見では、どんな指定をしても災害が発生すれば市民は避難してくる。その時に障がい者以外受け入れられないという対応は不可能であり、今後も受け入れていく覚悟で

ある。ただ、地域の「要援護者」については把握し必要な支援を行いたいとのことでした。

　現在、自治体の地域防災計画は設置者ごとの管理を原則としているため、県立学校等は市町村の避難所計画に組み入れておらず、高校は県の広域避難場所に、支援学校は福祉避難所に指定されている事例が多いようです。市町村と県が契約して災害時の避難場所に県立学校を指定し、自主防災組織にも組み入れて市職員を派遣し、救援物資の配送も行う体制を準備する必要があります。熊本での調査研究後、市議会を通じてさいたま市に働きかけを行い、改善がすすめられています（この動きは全国各地でも拡がっています）。

　かがやきの森支援学校では、当初、市の職員も派遣されず自主防災組織もなかったため、支援学校の教職員が避難所運営の実務をすべて担いました。災害時には、市の職員や自主防災組織の役員も自ら被災し、交通手段が遮断すれば駆けつけることも不可能となります。阪神・淡路大震災、中越地震、東日本大震災、洪水や竜巻による被災地の状況からは、ほぼすべての避難所で教職員の献身的な協力による避難所運営が報告されています。

　県費負担職員（政令市を除く）であっても義務教育諸学校の教職員は市区町村の職員であり、本来であれば、災害時の緊急対応要員として組織化される対象となっても不思議はないのですが、子どもの命と安全を守る一義的な義務からか、分担から回避されてきました。

　現在、学校と地域の避難訓練はほとんどの地域で別々に実施されており、地域の防災訓練には管理職が参加する程度となっています。災害発生時には、地域と一体となった対応のもとで児童生徒の安全管理や、学校に留め置くための措置が求められ、被災直後から学校は避難所として運営されることになります。地域と連携した実効性のある緊急対応が、その訓練を含め求められています。

⑲ 大規模災害における障がい者の避難所生活の課題

　3.11東日本大震災における障がい者の死亡率は総人口に対する死亡率の2倍であったと言われています。特に身体障がい者の被害は大きく、宮城

県では住民全体の死亡率の2.5倍にもなっています。また、直接災害から助かったにもかかわらずその後亡くなった「震災関連死」も約2,700人にものぼり、死者合計数の約15％を占めています。過酷な避難所生活は「第2の被災地」とも言われ、「天災は止められないが、避難所の問題は人災」と多くの課題が指摘されました。

　以前、「災害弱者」と言われた人々も1991年「防災白書」以降は「災害時要援護者」と規定され、高齢者、障がい者、妊産婦、乳幼児（を連れている親を含む）、傷病者、病弱者等が対象となっています。

　「災害時要援護者の避難支援ガイドライン」に基づき、各自治体では「災害時要援護者名簿」によって支援の必要な人を把握し、個々の状況に応じた「避難支援プラン」を作成しておくこととされていますが、現在でも、多くの自治体で災害時に実際に機能できるプランは策定されておらず、また、更新作業も十分には行われていない状況にあります（2019年11月5日、れいわ新選組木村英子議員は、参議院国土交通委員会で「大規模災害時に個々の障害者の避難先や支援者を決める『個別計画』を策定済みの自治体は14％にとどまる」と指摘しています）。

　また、東日本大震災では、この「災害時要援護者名簿」が個人情報保護条例を過剰に解釈した行政の判断で十分に活用できない状況があり、安否確認ができないまま自宅で救助されることなく亡くなった方も多数発生しました。現在では、この反省から、2013年の災害対策基本法改正によって、本人の合意なしに外部に名簿の提供ができるようになっています。

　きょうされん（旧共同作業所全国連絡会）は、2019年から、映画「星に語りて―Story Sky―」（松本動監督）の自主上映運動をすすめています。東日本大震災で「避難所から消えた障がい者」をテーマに、避難所で過ごすことのできない障がい者や高齢者の苦悩を取り上げ、個人情報保護条例の守秘義務を突破して、全国から駆け付けたボランティアの支援活動を可能とした取り組みを紹介する作品となっています。

　従来、地域防災計画を作る過程に障がい当事者が関わることはほとんどありませんでしたが、被災時の混乱のなかで最も厳しい状況に置かれるのは高齢者や障がい者、情報格差の生じる外国人居住者です。東日本大震災以降、各地で防災や減災の計画策定に障がい者や地域に居住する外国人も

参画する「インクルーシブ防災」の取り組みが拡がっています。

　25年前の1995年1月17日に発生した阪神・淡路大震災は、それまで学校教育機能に特化していた学校を、地域防災の観点から大きく変える契機となりました。学区を単位とする日常的なコミュニティの有無が避難所運営を大きく左右した反省を踏まえ、学校を核とする日常的なコミュニティの必要性が認識され、避難所として機能する学校施設のバリアフリー化や耐震補強に対する財源が確保され、国庫補助金で他目的利用が禁止されていた給食室の炊き出しも認められるようになりました。2014年の地教行法の改正により設置された「総合教育会議」の議題でも、災害時における学校の避難所機能が取り上げられており、市長部局としても複合的な学校のあり方を模索する動きが活発化しています。まさに、大規模災害が学校を開く契機となったのです。

　度重なる自然災害に人々の不安は増大していますが、その一方で「ソーシャルインクルージョン（社会的包摂）」の視点に立った、すべての人々を優しく包み込む安心社会の実現を願う気持ちも拡大しています。地域コミュニティの「核」となる学校は、防災拠点としても重要な役割を負っています。「被災時の社会的障壁」を解消していくプロセスを通じて、「誰一人置き去りにしない」共生に基づく地域社会の再生が始まっています。

⑳ 小中学校の避難所に「福祉避難室」

　現在、ほとんどの公立小中学校は、大規模災害時には地域住民の避難所に指定されています。現行制度では、災害直後は障がい者についても指定避難所に避難し、その後、開設される「福祉避難所」の準備が整いしだい移動することとなっています。「福祉避難所」の運営や物品整備には国庫負担金による財源確保もありますが、実際には災害時の混乱のもとで人手不足（要援護者10名に1名程度の生活相談職員を配置）や、ハード面（ポータブルトイレ、手すり、仮設スロープ、情報機器、紙おむつ等の整備）での準備が追いつかず、一般の避難所での生活を余儀なくされてしまうことも想定されます。

　小中学校の避難所機能の強化については、大規模災害が発生するたびに

課題が指摘され、国庫補助金による施設整備や地域防災計画による対応がすすめられてきました。しかしながら多くの自治体では児童急増期に建設した校舎の老朽化対策や耐震補強工事に追われ、高齢者や障がい者が支障なく過ごせる避難所の環境整備は立ち遅れています。

　また、認知症や精神障がい、知的障がい、発達障がいを抱えた人たちにとって避難による急激な環境変化や避難所の集団生活への対応は難しく、徘徊や不安によるパニック、奇声を発する等により避難所にいられず、損壊した自宅や車内で過ごさざるを得ない状況も生まれています。

　さらに、子どもが特別支援学校に在籍する世帯では、子どもを介した日常的な地域との交流の機会も少なく、医療的ケアの必要性から危険な自宅や車で過ごし、最後は自宅から離れた特別支援学校への避難を余儀なくされている状況も生まれています。

　2006年に改定された「災害時要援護者の避難支援ガイドライン」では、一般の避難所内に要援護者のために区画された「福祉避難室」や授乳室を設けることが提案されています。想定している場所は保健室ですが、自主防災組織による避難所運営計画では、保健室は既に「医務室」として指定されている学校も多く、また、避難所が継続したまま学校が再開されることになれば、保健室の使用は難しくなります。避難所運営については学校と行政の担当職員、地域の自主防災組織の協議によって避難所運営計画を作成することになっていますが、さまざまなニーズに対応したスペースの確保をあらかじめ相談し準備しておく必要があります。

　2016年4月に発生した熊本地震では、県指定の福祉避難所（461カ所）のうち、4分の3が使用できず、多くの障がい者は混雑した地域の避難所で断られて行き場を失いました。そのようななか、熊本学園大学は独自に避難所を開設し、一般の避難者700名の他、60名の障がい者を受け入れ、学生や全国から駆け付けた多くのボランティアによって、45日間にわたって運営されました。社会福祉学部の花田昌宣教授を中心としたこの取り組みは「熊本学園モデル」と呼ばれ、「いていいんだよ」を合言葉に、誰一人排除も隔離もしない「インクルーシブな避難所」の事例として全国から注目されました。

　花田教授は、「障害のある方も、要配慮者、要介護者と言われる方も含

めて、『福祉避難所へ』という考えをとらないことがインクルーシブな避難所であることの条件だと考えます。たしかに車いすユーザーなどを受け入れるためにはスペースも必要ですし、配慮も必要です。でも、それは受け入れてから整えていけばいいことです。当の本人が何が必要かは一番よく分かっておられるはずなので、相談して進めていけばいいことです。『福祉相談所などに行ってもらおう』『専門家のところへどうぞ』ではなく、一般の避難所に居場所を作るのが大切です。『余裕があれば障害者も受け入れる』などという発想では何ともなりません」との考えを述べています。また、このような避難所が誕生した背景には、地域の自立生活センター「ヒューマンネットワーク熊本」との日常的な交流や、学内に常にいる障がいのある学生の存在があったことを指摘しています。

　追い詰められた避難所生活では、誰もが自身や家族を守るために余裕がなくなり、自主防災組織や行政も手のかかる障がい者や高齢者の受け入れを拒むケースが発生します。このような感情は日常から障がい者が隔離されたなかで生まれてきます。障がい者が日常の生活のなかに自然に存在することは、「誰一人取り残さない」すべての人が共生する優しい社会を創っていく前提条件でもあると考えます。

　学校の避難所機能はハード面の整備だけでは不十分です。障がい当事者も参画する避難所運営計画を学校と地域で模索し、「心のバリアフリー」の視点に立った対応が求められています。

㉑ 教育事務の果たす役割と責務

　環境破壊による気候変動や人口増加による食糧危機、富の集中による貧困と格差、文化や民族間の紛争等に加え、感染症パンデミックによって、人類社会は数百年に一度という規模の危機的な状況に追い込まれています。市場原理主義が招いた利己心に基づく「自分さえよければ」という価値観は、人間と人間との結び付きを寸断し、共同体的人間関係を破壊して人々を不安と孤立に陥れています。

　しかし、その一方で「すべての人々を孤独や孤立、排除や摩擦から援護し、健康で文化的な生活の実現につなげるよう社会の構成員として包み支

え合う」というソーシャルインクルージョン（社会的包摂）の理念が、社会福祉の再編戦略として展開され始めています。

　歴史的な分岐点にあって、多様な属性やニーズを持つすべての人々が障がいや性別、人種や国籍、社会的地位や貧富などによって排除されることなく、それぞれの地域社会で当たり前に生活することができるインクルーシブ社会を実現していくことこそが、SDGsが求める持続可能な社会へのただひとつの道であると私は信じています。

　障害者権利条約は、従来の社会の仕組みや慣習が、障がい者だけでなく、さまざまな少数派（マイノリティ）の存在を考慮せずに、多数派（マジョリティ）の価値観によってつくられてきたことを指摘し、それによって生じた「社会的障壁」を解消していくことを、人類社会の課題として提起しました。

　ユニバーサルデザインを提唱した車椅子の建築家ロナルド・メイスは、「区別は差別である」という言葉を残しています。車椅子用スロープを造る等の個々の障がいに応じた対処ではなく、健常者を含めたすべての人にとっての障壁のない、「障がい者が障がい者であることを忘れるような社会」を実現していくことが求められています。学校は、次世代の社会を担う子どもたちが育つ公共空間であり、ソフト・ハード両面でのユニバーサルデザインを学ぶ「場」でもあります。

　現在、すべての障がい児を地域の通常の学校で受け入れていくことは、施設や人的措置、財源問題からも多くの課題を抱えています。何より個々のニーズに応える「合理的配慮」と「心のバリアフリー」が整っていなければ、障がい児自身にとってもつらい環境となってしまいます。発達障がい等さまざまなニーズを持つ子どもたちは増加しており、健常児と障がい児を区分けすることさえ無意味となってきています。

　これからの学校には、さまざまなマイノリティを含む多様な当事者の参画によって、多様性を尊重した共生社会を支える公共空間としての機能が求められていきます。障がい児とその保護者がどのような学校や学級を選択するにしても、合理的配慮が整っていないことによって排除されることのない環境を整備していくことが求められます。学校現場の現実を振り返るとため息が出てしまいますが、教育事務を担当する者が、権利条約や関

係法令に精通し、合理的配慮の目的と実務を理解したうえで、インクルーシブ社会の実現に向けたビジョンを明確に認識し、一つひとつ改善に向けて取り組んでいくことが必要です。教育事務の果たす役割と責務は極めて重要と考えます。

おわりに ||||||||||||||||||||||||||||||||||||||||||||||

　今回の研究集会を主催された川崎雅和氏と出会って何年が経つのだろう。当時、川崎氏が勤務されていた文京区立昭和小学校に，立場や思想は異なれど個性的な面々が集まり、「学校事務フォーラム」というイベントを開催しては、学校事務の未来を語り合ったことを覚えている。

　振り返ってみると、川崎氏はその頃から全くぶれていないことに気がついた。当時から現在に至るまで氏が常に口にしているのは、「すべての子どもの学ぶ権利」であり、「法令の根拠に基づいた実践」なのである。氏が主宰する「学校事務法令研究会」には毎回、全国津々浦々から老若男女のメンバーが集まってくるが、「学校事務フォーラム」も「学校事務法令研究会」も実は、川崎雅和という人間の人柄と求心力のなせる業なのだといまさらながら感心している。

　今回、氏のライフワークである「子どもの学ぶ権利」について研究集会が開催され、基調報告をさせていただく機会をいただいたことに心より感謝申し上げる。当日もこの本の出版についてもいつも心配とご迷惑をおかけしたことを、この場を借りてお詫びさせていただきたい。

　「将来の変化を予測することが困難な時代」にあって、学校をとりまく環境は厳しさを増している。「すべての子どもたちの学ぶ権利」を守ることはさらに困難となってきているが、きっと「川崎塾」の塾生たちは果敢に挑戦し、新しい持続可能な未来を切り拓いていくものと信じている。

第4章

日本で暮らす人々の学ぶ権利の保障と夜間中学校

大多和雅絵

はじめに ||||||||||||||||||||||||||||||||||||||||||||||

　近年、夜間中学校は学齢期に不登校等を経験し学校での「学びなおし」を求める人々や外国籍の人々へ学ぶ機会を提供する教育機関のひとつとして、その役割が期待されています。2016年に議員立法として成立した「義務教育の段階における普通教育に相当する教育の機会の確保等に関する法律」（平成28年法律第105号）（以下、「教育機会確保法」）により、その開設の法的根拠が整備され、2019年度に埼玉県川口市、千葉県松戸市に、2020年度には茨城県常総市に新たに夜間中学校が開設されました。文部科学省は少なくとも各都道府県に１校は設置されるよう、その開設を促進している状況です。夜間中学校の開設に向けて検討している自治体もあり、今後、全国的に増設が見込まれています。

　ですが、夜間中学校とはいったいどういう教育機関なのか、社会的にはいまだよく知られていない状況にあるのではないでしょうか。実は、その歴史は古く、今から70年前にさかのぼります。本稿では、夜間中学校とは何か、夜間中学校はどのような歴史を経験しながら人々へ学ぶ機会を提供する教育機関として存立してきたのか、そして、夜間中学校のこれからについて考えていきたいと思います。

❶ 夜間中学校とは

（１）夜間中学校とは？

　まず、確認しておきたいことですが、学校教育法上は「夜間中学校」という学校は存在しません。あくまで通称であり、他には「夜間中学」や「夜間学級」などと呼び慣らわされてきました。公立の夜間中学校は、学校教育法で定められた一条校である公立中学校に開設されており、授業時間の始まりが夕方にずれるかたちで授業を行っている学級です（近年、新設される際は「分校」として開設されるケースもあります）。戦後直後には校舎不足等により多くの小中学校で児童生徒を午前登校と午後登校に二分する「二部授業」が行われていましたが、夜間中学校は長らくこの「二部授業」の規定を開設の法的根拠としてきた歴史があります。教育機会確

保法では「夜間その他特別な時間において授業を行う学校」と定義されています。本稿では、公立中学校において「夜間その他特別な時間において授業を行う」学級を「夜間中学校」という通称を用いて示します。

　夜間中学校は、しばしば地域で行われている成人学級等と同じく社会教育としての学びの場と混同されることがありますが、あくまでも公立の中学校です。それゆえ、昼間に通う学齢期の生徒が学習する教育課程に基づいて9教科の学習と学校行事があり、3学年の修了時には中学校の「卒業証書」が授与されます。高等学校への進学の際には、中学校の卒業資格が必要ですので、今日入学する人々の多くは、高等学校への進学を念頭におき、夜間中学校で学んでいます。

　また、夜間中学校を必要とする人々が存在するにもかかわらず、公立の夜間中学校が開設されていない地域によっては、「自主夜間中学」がボランティアの人々等により運営され、学びの機会を求める人々の学びの場となっています。「自主夜間中学」が設けられている地域の多くは、公立の夜間中学校の開設が市民により求められている状況です。

　夜間中学校の生徒は、昼間に就労を余儀なくされた学齢期の子どもや戦後の混乱のなかで義務教育未修了のまま社会生活を送っていた学齢を過ぎた義務教育未修了者、韓国や中国からの引揚・帰国者、不登校経験者、在日韓国・朝鮮人、学齢期には何らかのハンディキャップにより就学猶予・免除となっていた人たち、90年代以降に来日したニューカマーの人たちなど社会状況を反映して常に変化してきたことが跡付けられています。そして、近年では学びなおしを求める「形式卒業者」（中学校の卒業資格は有するものの、学齢期に不登校等を経験し、実質的に義務教育修了の学力が備わっていない状態にある人）の入学も認められるようになり、夜間中学校へ入学する背景も多様化しています。

（2）夜間中学校の開設状況

　では、2020年7月現在、全国に夜間中学校はどのくらいあるのでしょうか。開設自治体は次の表のとおりです。

　【表1】のとおり、関東や関西地域を中心とした10都府県34校に開設されているにすぎず、近年はおよそ1,700名の生徒が学んでいます。

【表1　全国の夜間中学校】

都道府県	設置主体	開設学校名	都道府県	設置主体	開設学校名
茨城県	常総市	水海道中学校	大阪府	大阪市	天王寺中学校
埼玉県	川口市	芝西中学校陽春分校	大阪府	大阪市	文の里中学校
東京都	墨田区	文花中学校	大阪府	堺市	殿馬場中学校
東京都	大田区	糀谷中学校	大阪府	岸和田市	岸城中学校
東京都	世田谷区	三宿中学校	大阪府	東大阪市	布施中学校
東京都	荒川区	第九中学校	大阪府	東大阪市	意岐部中学校
東京都	足立区	第四中学校	大阪府	八尾市	八尾中学校
東京都	江戸川区	小松川第二中学校	大阪府	守口市	さつき学園
東京都	葛飾区	双葉中学校	大阪府	豊中市	第四中学校
東京都	八王子市	第五中学校	兵庫県	神戸市	兵庫中学校北分校
神奈川県	川崎市	西中原中学校	兵庫県	神戸市	丸山中学校西野分校
神奈川県	横浜市	蒔田中学校	兵庫県	尼崎市	成良中学校琴城分校
千葉県	市川市	大洲中学校	奈良県	奈良市	春日中学校
千葉県	松戸市	第一中学校みらい分校	奈良県	天理市	北中学校
京都府	京都市	洛友中学校	奈良県	橿原市	畝傍中学校
大阪府	大阪市	天満中学校	広島県	広島市	二葉中学校
大阪府	大阪市	東生野中学校	広島県	広島市	観音中学校

❷ 夜間中学校はどのような人々の学びの場となってきたのか

(1) 学齢を超過した人々の学びの機会

　夜間中学校は学齢期に不登校等を経験し、中学校で「学びなおし」を求める人々や外国籍の人々へ学びの機会を提供する教育機関のひとつであることを先述しましたが、今日の夜間中学校は基本的には学齢期を過ぎた人々（「学齢超過者」）を対象としています。本稿では、義務教育未修了の学齢超過者、中学校での「学びなおし」を求める人々、外国籍の人々に着目し、夜間中学校と彼／彼女らの学びの機会について考えていきたいと思います。

　まず、学齢超過者の学びの機会について。日本国憲法第26条において、「すべて国民は、法律の定めるところにより、その能力に応じて、ひとしく教育を受ける権利を有する」「すべて国民は、法律の定めるところにより、その保護する子女に普通教育を受けさせる義務を負ふ。義務教育は、

これを無償とする」と示され、ここでは教育を受ける権利と教育を受けさせる義務が定められています。1947年3月31日に公布、施行された教育基本法においては、「国民は、その保護する子女に、九年の普通教育を受けさせる義務を負う」（2006年の全部改正により「九年」という期間は削除されました）とされ、9年間の義務教育期間が定められました。そして、同年4月1日より施行された学校教育法において、学齢期間が示されました。したがって「子の満六歳に達した日の翌日以後における最初の学年の初めから」「満十五歳に達した日の属する学年の終わり」までの年齢は一般的に「学齢」と呼称されています。本稿では「満十五歳に達した日の属する学年の終わり」、つまり満15歳に達した日の年度末を過ぎた人々を「学齢超過者」と示します。

　今日の夜間中学校は、この学齢超過者を対象として学校教育を行う機関といえます。例えば、神奈川県の横浜市教育委員会は入級の要件を次のように示しています。

次の3つ全てにあてはまる方が入級できます。
1．15歳（学齢）を超えている人
2．中学校を卒業していない人や、卒業していても授業日数の大部分を欠席していて十分に通えなかった人
3．横浜市内に住んでいる人または横浜市内で働いている人[1]

　ここで、夜間中学校が学齢超過者を対象とした教育機関となったその歴史について言及しておきます。1947年に新学制がスタートし、新たに中学校が義務教育となりましたが、戦後の社会的混乱が収束しないなかで、家庭の経済的事情等により、昼間に就労せざるを得ず、長期欠席・不就学となっていた学齢期の子どもたちが多数存在しました。子どもたちが長期欠席・不就学となった要因というのは地域等によりさまざまであり、一様ではありませんが、そうした地域によっては、現場の教員たちが夕方からも授業を行い、昼間に就学ができない子どもたちに学ぶ機会を提供したことが夜間中学校の始まりといえます。「夕間学級」や「補習教室」など名称もさまざまであり、学校のみならず地域の公民館などを利用したり、さま

ざまな形態がとられていました[2]。その後、1950年代になると学校の設置主体である市区町村の教育委員会が関わるかたちで、夜間中学校が開設され運営されます。その一方、文部省は「義務教育の建前からいえば当然違反」という対応を示し、その開設には否定的な態度を示していました。1953年頃の文部省の夜間中学校に対する位置づけとしては、「夜間中学校は現行学校教育法の趣旨からは正規に認めることは困難であるので、これら夜間中学校は表面上、中学校の2部授業として実施されている」「現行法においては認められていないが、これが昼間における就学の機会をはばまれている生徒に対して、教育の機会を与えようとする趣旨については一応認められるものである」[3]というものでした。教育の機会を与えようとする趣旨については認められるものの、正規の学校として認めることはできないため、いわば黙認する対応は、その後、文部省の夜間中学校への認識として長らく継続されるものとなりました。文部省は、1950年代には学齢児童生徒の不就学・長期欠席の問題に対し、就学援助費など経済的支援を充実させること、家庭へ就学奨励の強化を図ることでその改善を企図していたものとみられます。

　夜間中学校の学校数と生徒数については、全国夜間中学校研究会の調べによれば、1954年に最も多く全国に89校、生徒数は1955年に5,208名となりますが、その後次第に減少し、1968年には416名、1969年には20校となるなど、1960年代後半から70年代前半にかけて減少の一途をたどります。しかし、その後、学校数、生徒数ともに増加し、1980年代になると30〜35校、生徒数は2,000〜3,000名で落ち着くこととなります[4]。

　このように、夜間中学校は当初、学齢期の子どもたちへ学ぶ機会を提供するために開設されたわけですが、開設されてほどなく、中学校の卒業資格を持たずに社会生活を送ることを余儀なくされていた義務教育未修了の学齢超過者が入学するようになりました。職業に関連する資格によっては、中学校を修了していることが受験資格を含め資格取得の際の要件になっているものもあり、中学校の卒業資格を求めて入学する状況もありました。1950年代〜60年代の中頃までは、学齢生徒も多数在籍していましたが、1960年代後半頃には生徒の多くは、学齢超過者となっていました。

　そのようななか、夜間中学校の歴史のうえで、ひとつの重要な出来事と

いえる「年少労働者に関する行政監察」が行われたのは1966年になります。この行政監察における勧告では「『夜間中学校』については、学校教育法では認められておらず、また、義務教育のたてまえからこれを認めることは適当でないので、これらの学校に通学している生徒に対し、福祉事務所など関係機関との連けいを密にして保護措置を適切に行い、なるべく早くこれを廃止するよう指導すること」[5]と示されました。すなわち、夜間中学校の早期廃止が求められたといえます。この行政監察は、学齢期の子どもたちの就労が法に抵触するという年少労働者の問題から生じ、夜間中学校の存廃問題へと派生したものでしたが、これを機に夜間中学校で学ぶ学齢超過者の問題に光が当てられるようになったといえます。

　行政監察の勧告で求められた夜間中学校の早期廃止に反対した夜間中学校の卒業生や関係者によって、夜間中学校の増設・開設を求めて行政に働きかける運動（夜間中学校の開設運動）が全国各地で展開されるようになり、結果的には1970年代に夜間中学校は増設されることとなりました。こうした運動は、今日も全国各地で展開されています。

　1960年代後半から展開された夜間中学校の開設運動は、それまで、いわば「恩恵的」な扱いであった学齢超過者の教育機会について、「恩恵」ではなく、学齢超過者の「教育を受ける権利」を保障すること、という権利保障の問題へと運動理念を転換させ、日本国憲法第25条の「すべて国民は、健康で文化的な最低限度の生活を営む権利を有する」という生存権の理念と、第26条の「教育を受ける権利」を結び付け、その権利の保障を学校教育に求めたということに特徴を見いだすことができます。「生きる」ことと「学ぶ」ことは切り離せないものである、学ぶ機会を得られないということは生存そのものも脅かされることなのだ、ということを運動の理念に据えて展開されたといえます。こうした運動が展開される背景には、義務教育とされる小中学校段階の教育を受ける権利にしても、政府や自治体がその教育を保障し提供する義務にしても、あくまでも学齢期にある学齢児童生徒が対象であり、学齢期を過ぎた学齢超過者へは何ら対応がなされていない状況があります。政府は、義務教育未修了者の問題に対して、何ら積極的な策を講じようとはせずに、あくまでも教育現場に丸投げをする姿勢がとられていました。こうした政府の対応へ異議を唱え、学齢超過者の

教育を受ける権利の保障を政府や自治体に求めた運動が夜間中学校の開設運動といえます。

　夜間中学校の開設運動により、新たに開設された夜間中学校は、学齢超過者へ教育機会を提供する教育機関として構想され開設に至ったということがいえます。この時期には、1950年代に学齢期の子どもたちを対象として開設された夜間中学校においても、学齢超過者が主たる教育対象となっていました。

　このように、夜間中学校の開設運動の歴史から得られる考え方─恩恵から権利への理念の転換、「生きる」ことは「学ぶ」こと、学ぶ機会が得られないことは生存そのものを脅かすもの─は後述しますが、外国籍の子どもたちの教育機会を考えるうえでも参考になるものと筆者は考えています。さらに、今日でも無戸籍や学齢期の子どもの居所不明の問題があり、義務教育未修了という問題は決して歴史として留まるものではありません。

（2）「学びなおし」を求める人々の学びの機会

　次に、学齢期に不登校等を経験し中学校で「学びなおし」を求める人々＝「形式卒業者」の学びの機会について考えていきます。

　2015年7月30日付で文部科学省初等中等教育局初等中等教育企画課長より「義務教育修了者が中学校夜間学級への再入学を希望した場合の対応に関する考え方について（通知）」が各都道府県教育委員会・各指定都市教育委員会の教育長に向けて発出されました。少し長くなりますが、重要な文書ですので引用します。次のような内容となっています。

　従来文部科学省では、義務教育諸学校に就学すべき年齢を超えた者の中学校への受入れについては、ホームページ等において「中学校を卒業していない場合は就学を許可して差し支えない」との考え方を示してきましたが、一度中学校を卒業した者が再入学を希望した場合の考え方については明確に示していなかったところです。このような状況の中、様々な事情からほとんど学校に通えず、実質的に十分な教育を受けられないまま学校の配慮等により中学校を卒業した者のうち、改めて中学校で学び直すことを希望する者（以下「入学希望既卒者」という。）が、中学

校夜間学級（以下「夜間中学」という。）に入学を希望しても、一度中学校を卒業したことを理由に基本的に入学を許されていないという実態が生じています。本来、社会で自立的に生きる基礎を培い、国家及び社会の形成者として必要とされる基本的な資質を養うといった義務教育の目的に照らせば、義務教育を受ける機会を全ての者に実質的に保障することが極めて重要です。しかし、平成26年に文部科学省が実施した「中学校夜間学級等に関する実態調査」においては、全ての夜間中学において、入学希望既卒者の入学が認められていないという事実や、いわゆる自主夜間中学や識字講座といった場において不登校等により義務教育を十分に受けられなかった義務教育修了者が多く学んでいるといった事実が明らかとなったところです。また、平成26年に厚生労働省が実施した「『居住実態が把握できない児童』に関する調査」や平成27年に文部科学省が実施した「無戸籍の学齢児童生徒の就学状況に関する調査」の結果等によれば、親による虐待や無戸籍等の複雑な家庭の事情等により、学齢であるにもかかわらず居所不明となったり、未就学期間が生じたりしている者が存在することが明らかになっています。さらに、文部科学省が実施した「平成25年度『児童生徒の問題行動等生徒指導上の諸問題に関する調査』」の結果によれば、不登校児童生徒に対し、学校復帰に向けた学校外での個人の努力を評価し学校における指導要録上出席扱いとすること等、児童生徒の立場に立った柔軟な取扱いも広く行われており、学校に十分に通わないまま卒業する生徒が今後も生じてくるものと考えられます。このような状況を踏まえると、入学希望既卒者については、義務教育を受ける機会を実質的に確保する観点から、一定の要件の下、夜間中学での受入れを可能とすることが適当であると考えられます。

　以上のように、「実質的に十分な教育を受けられないまま学校の配慮等により中学校を卒業した者のうち、改めて中学校で学び直すことを希望する者」を文部科学省は「入学希望既卒者」と定義し、夜間中学校への入学を認めるよう各自治体に求めたといえます。この方針を受けるかたちで、これ以降、夜間中学校では形式卒業者の入学を認める体制となりました。
　この通知にもあるように、これが発出される以前は、夜間中学校は入学

要件のひとつに「義務教育未修了」（＝中学校の卒業資格を有していない状態）であることを掲げていました。形式卒業者のなかで夜間中学校で基礎的な内容から学びなおしたい、という動きはすでに1970年代から顕在化していましたが、中学校の卒業証書を持っているがゆえに、夜間中学校へ入学を希望してもそれが叶わない状況となっていました。それから長い年月を経て2015年にようやく、形式卒業者へも正式に夜間中学校への門戸が開かれるようになったといえます。

（3）外国籍の人々の学びの機会

　外国籍の人々と夜間中学校を考える際に、まず外国籍の子どもの就学義務の問題について確認しておきたいと思います。2019年に文部科学省が初めて外国籍の子どもの就学状況に関する全国調査を行い、同年9月に結果が公表されましたが、およそ2万人の外国籍の子どもたちが公立学校、民族学校、外国人学校などいずれの教育機関にも就学していないおそれがあることが明らかとなりました。外国籍の子どもの不就学の実態がこの調査により可視化されたといえます。

　外国籍の子どもは、自宅の学区にある公立学校に入学しても、ことばや文化の違いになじめずに不登校になってしまうケースも少なくはありません。特に日本語を母語としない子どもにとっては、問題はより深刻です。例えば、日本語を母語としない外国籍の子どもが多数在籍する学校の場合は、子どもたちや保護者が抱える問題や困り事が表面化しやすく、学校としても学校全体の課題として問題に対応しようとする傾向がありますが（配付文書や学校内の掲示物等も多言語で対応していたりも）、少数の場合には個別対応となり、支援の漏れが起こりやすい状況があります。その場合は、より注意する必要があります。また、外国人学校に通学している場合でも、高額な学費がかかるため、保護者の経済状況によっては、途中で通学を断念せざるを得ない状況に陥ってしまったり、そもそもどの学校にも就学していない状況にあったりと、さまざまな理由から不就学となっている外国籍の子どもたちが日本社会に存在しています。

　外国籍の子どもの不就学にはさまざまな要因が考えられますが、そのひとつとして、就学義務の問題が考えられます。先述した日本国憲法第26条

では、教育を受ける権利と教育を受けさせる義務が定められていますが、その対象は「国民」であり、日本国民ではない外国籍の子どもの保護者には教育を受けさせる義務が課されていない、つまり就学義務が課されていないという状況があります。それゆえ、一条校ではない民族学校やインターナショナルスクール等外国人学校に就学する／させることが可能となっているわけでもありますが、保護者に就学義務が課せられていないということは、すなわち日本で生活する外国籍の子どもたちは、保護者の意向や地位によっては不就学に陥る可能性と常に隣り合わせになっているということができます。

　それでは、外国籍の子どもが公立学校に通う場合、どのような対応がなされているのでしょうか。まず、文部科学省は、外国籍の子どもの就学について「外国人の子の保護者については、学校教育法第16条等による就学義務は課されていませんが、国際人権規約及び児童の権利に関する条約を踏まえ外国人の子の就学の機会を確保する観点から、希望する場合には教育委員会等は公立義務教育諸学校への就学を認めることが望まれます」[6]と示しています。また、市区町村教育委員会の重要な教育事務のひとつとして「学齢簿」の編製という作業があります。日本国籍の学齢児童生徒であれば、この学齢簿に基づいて就学について管理されていくことになります。他方、外国籍の子どもの場合は、現行法では学齢簿の編製の必要はありませんが、それに準じるものを作成するよう、さらに、日本国籍の子どもと同じように就学通知を出すように文部科学省は示しています。しかし、それを受けてどのような対応を示すかは自治体の対応に委ねられています。

　外国籍の子どもの就学をめぐる問題として、ひとつはそもそも住民登録がなされていない場合があります。これは、日本国籍であっても住民登録がなされていない場合は問題が生じるため、外国籍の子どもに限ったことではありませんが、保護者の状況によって子どもの就学が阻まれる危険があるということがいえます。二つ目として、保護者が就学を希望しない場合、子どもが公立学校のみならず、民族学校や外国人学校にも就学しない、不就学の状態となっていても、就学義務がないため就学させるよう行政的指導を行うことは、教育委員会には課せられていません。また、日本国籍の子どもの場合は、学齢期間中は学校からの「転出」はあっても（転出の

場合は、別の学校への転入が必ず伴うものです)、「退学」はありませんが、外国籍の子どもの場合は、公立学校に入学したとしても、保護者の意向によっては「退学」もあり得ることになります。

　外国籍の子どもの就学の義務化の問題は、研究者のなかでも推進する立場と、それには慎重な立場（主に一条校への就学の関係から、民族教育などへアクセスする権利を脅かすのではないか、という問題を危惧しているようです）があるようです。社会学者の宮島喬は「義務化それ自体が目的ではなく、外国人が教育を受ける権利を洩れなく享有し、行使できるように教育委員会と学校が責任感と義務感をもち彼らに働きかけ、皆就学を実現するためにこそ、それが必要だ」[7] と指摘しています。つまり、「就学義務化」はそれ自体が目的ではなく、「外国人の子どもの就学をたしかなもの」にするためのひとつの「手段」というわけです。この「手段」が提起される背景には、就学義務が課せられていないからと、外国籍の子どもの就学について、教育委員会や学校が責任と義務感を持たずに十全な対応をしてこなかった、そのことが問われているのではないかと考えられます。さらに、宮島は「就学義務化」は民族学校、外国人学校などを含めて保護者の学校選択が可能となり、さらに「国民」の育成という義務教育の理念の見なおしがセットとなって行われてこそ実現されるべきであると鋭く指摘しています[8]。

　外国籍の子どもの就学の問題というと、特にニューカマーといわれる主に1990年代以降、日本社会の国際化に伴い、日本で就労するために来日した外国人の子どもたちの問題がクローズアップされることが多い傾向にありますが、オールドカマー／オールドタイマーといわれる在日韓国・朝鮮人の人々の存在を見落とすわけにはいきません。社会学者の佐久間孝正は、今日のニューカマーの子どもたちが抱える教育問題というのは「日本の教育界がオールドカマーの教育に真剣に向き合ってこなかったことに問題の根源」[9] があること、オールドカマーとニューカマーとの問題の連続性について指摘しています。また、「現在、通称名使用者に戦前から日本に居住する人が多く含まれていることは、かれらにとって戦争はまだ終わっておらず、自分の属する民族的なアイデンティティも回復していないことを示している」「このことは、日本の外国人政策が同化主義であり、多文化

共生の基礎条件すら欠いているといえる。本名を名のりたくても名のれない人の大量の存在は、多文化共生どころか、名前は本人のアイデンティティの基本だけに、基本的人権なり外国人『市民』として生きる固有の権利が認められていないに等しい」[10] と厳しく指摘しています。

　親が子どもに母国のことばや文化、伝統を継承したいと考えることはとても自然なことかと思いますが、民族学校である朝鮮学校は高等学校授業料無償化や幼児教育・保育の無償化からの適用外、大学の入学資格の問題など、さまざまな面で日本の学校とは異なった処遇を受けています。さらに、在日韓国・朝鮮人に対するヘイトスピーチも繰り返されています。また、戦後75年が経過するなかで、韓国語・朝鮮語を母語とする在日1世よりも、今日では日本で生まれ育ち、日本語を母語とする在日韓国・朝鮮人の人々のほうが多数となっています。母語と母国語というものが異なる環境のなかで、子どもたちのなかには、成長段階でアイデンティティ形成に支障をきたすケースもあり、在日韓国・朝鮮人の子どもたちもさまざまな問題を抱える状況に置かれているといえます。

　先述しましたが、「生きる」ことと「学ぶ」ことは密接な関係があり、学ぶ機会が得られないことは生存そのものを脅かすものでもあるということは、夜間中学校の存立の歴史が物語っています。子どもの国籍に関わりなく、すべての子どもの学ぶ権利を保障すること、そのためにはどのような制度的整備が必要になってくるのか、そうした考え方や方針の転換が重要ではないかと考えられます。

　では、日本社会のなかで不就学のまま学齢期を過ぎてしまい、その後、学びの機会を求めた場合、また、外国籍の人々が家族と共に来日し、日本で基礎的な学びの機会を得たいと希望する場合など、学齢超過者が公立学校で学びの機会を求めた場合には、どのような教育機関に就学することができるのでしょうか。現状では日本国籍であっても外国籍であっても、学校として学齢超過者を教育対象とする入学可能な公立学校というのは、夜間中学校と中学校の通信教育課程（2020年度には東京都千代田区立神田一橋中学校、大阪市立天王寺中学校の2校にしか開設されていません）があるにすぎません[11]。高等学校への進学のためには、中学校の卒業資格が必要となるため、学校教育を経ない場合には、年に1回文部科学省が実施す

る「中学校卒業程度認定試験」を利用する選択もありますが、試験のための学習は自力で行わなければならず、特に日本語を母語としない外国籍の人々には高いハードルとなっています。それゆえ、学齢超過者の学びの機会として、夜間中学校の役割が重要なものといえます。

❸ 今日の夜間中学校の様子

　夜間中学校というと、読者の皆さんのなかには、山田洋次監督の映画「学校」（1993年公開）にみられるように高齢の生徒がひらがなからひとつひとつ学んでいる、そうしたイメージを抱いている方も少なくはないかもしれません。現在でも、関西方面の夜間中学校では、高齢の在日韓国・朝鮮人の女性やまた被差別部落の問題から学齢期に不就学となった高齢の人たちなどが多数在籍する学校もありますが、関東地域では、外国籍の10代〜20代の生徒が多数を占める状況になっています。例えば、2019年度に夜間中学校を開設した埼玉県川口市、2020年度に開設した茨城県常総市も外国籍の人々が多数定住している地域であり、外国籍の人々へ教育機会を提供する教育機関として夜間中学校が期待されています。

　ここでは、今日の夜間中学校をとりまく状況として、まず法制度の整備状況を確認したうえで、事例として神奈川県横浜市における夜間中学校について紹介し、さらに夜間中学校が抱える課題について考えてみたいと思います。

（1）夜間中学校に関する法制度の整備状況

　夜間中学校はその成立の初期から近年まで、その開設の法制度的根拠が明確ではないなかで、中学校の「二部授業」として位置づけられ、存続してきました。夜間中学校の法制化をめぐっては、1950年代から夜間中学校の関係者や全国夜間中学校研究会の主導により、長きにわたり運動が展開されてきた歴史があります。そして、ようやく法制化に向けて政府が動き出したのはそれから50年以上の時を経て2010年代に入ってからになります。全国夜間中学校研究会の働きかけもあり、2014年に馳浩衆議院議員を座長とした超党派議員連盟「夜間中学等義務教育拡充議員連盟」が発足しまし

た。そして、2015年には「フリースクール等議員連盟」との合同総会が行われ、法制度整備に向けた立法チームが発足しました。馳浩議員は2015年10月 7 日〜2016年 8 月 3 日まで文部科学大臣も務めています。こうした動きのなかで、先述のように、2015年 7 月に形式卒業者の夜間中学校への入学を求めた「義務教育修了者が中学校夜間学級への再入学を希望した場合の対応に関する考え方について（通知）」が発出され、夜間中学校に形式卒業をした人々が入学する体制が整えられるようになりました。

　そして、同じく先述のとおり、2016年には議員立法として教育機会確保法が公布され、夜間中学校はようやくその開設の法制度的根拠を得ることとなりました。夜間中学校関係者による長きにわたる法制化を求める運動がようやく結実したものといえます。教育機会確保法には、次のように示されています。

第四章　夜間その他特別な時間において授業を行う学校における就学の機会の提供等
（就学の機会の提供等）
第十四条　地方公共団体は、学齢期を経過した者（その者の満六歳に達した日の翌日以後における最初の学年の初めから満十五歳に達した日の属する学年の終わりまでの期間を経過した者をいう。次条第二項第三号において同じ。）であって学校における就学の機会が提供されなかったもののうちにその機会の提供を希望する者が多く存在することを踏まえ、夜間その他特別な時間において授業を行う学校における就学の機会の提供その他の必要な措置を講ずるものとする。

　2017年には、学校教育法施行規則の一部改正により、「中学校段階において、特別の教育課程を編成するに当たっては、小学校段階の各教科等の内容の一部を取り扱うことができるものとすること」「学齢超過者に一定の資質・能力が養われていることの評価の上に、学校教育法第21条に規定する義務教育の目標を達成する上で当該学齢超過者にとって必要と認められる内容により編成するものとすること」（「学校教育法施行規則の一部を改正する省令等の施行について（通知）」（28文科初第1874号））と示され、

学齢超過者に対し、学校長の判断で生徒の実情に応じた非常に柔軟な教育課程を編成することが制度的にも可能となりました。さらに、特別の教育課程を編成する場合、在籍学年よりも下学年の教科書および小学校用教科書を給与することができるようになっています。

　2019年には「日本語教育の推進に関する法律」（2019年6月28日公布）が公布され、学校教育における日本語を母語としない外国籍の児童・生徒への日本語教育の充実が求められています。

　以上のように、近年、夜間中学校をとりまく法制度が次々に整備されている状況にあり、法制度の後押しを受けて、夜間中学校の全国的な増設に向けた動きが起こっているものといえます。

（2）横浜市立蒔田中学校夜間学級の様子

　次に、具体的な事例をみていきます。神奈川県横浜市では横浜市立蒔田中学校に「夜間学級」が開設されています。2020年度では市内に1校となっています。横浜市における夜間中学校の歴史は古く、1950年度に市教育委員会の主導のもとで青少年指導の一環として、「特設学級」として市内に10校ほど開設されました。蒔田中学校にもその際に開設されています。関東地域では、1950年代に開設され今日まで存続している夜間中学校というのは、他には東京都に7校ほどありますが、都内で最も早く開設された足立区立第四中学校の開設は1951年度ですので、他地域に先駆けて横浜市では夜間中学校を開設していたということになります。その後60年代にかけて閉鎖がみられ、1960年代後半から2013年度までは市内に5校の体制となりました。それまでの横浜市の夜間中学校は、専任の教員の配置がなく9教科の指導等の教育課程は昼間の教員が兼務するかたちで運営されていましたが、2014年度に蒔田中学校に他4校が統合されるかたちで市内に1校となり、教員も専任化が図られました。2018年度からは管理職として専任の副校長も配置されています。

　授業時間は、16時から20時15分までとなっており、専任教員の勤務時間もこれに合わせて13時から21時30分までとなります。2019年度の教員の配置としては、校長（兼務）、副校長、専任教員4名、養護教諭（非常勤）、教科担当講師10名、学習支援サポーター（主に言語支援）3名となってい

ます。学校行事としては、4月に「夜間学級」の入学式から始まり、芸術
鑑賞教室や遠足、球技大会、体育祭（昼間と合同）、文化祭（昼間と合同）、
社会科見学、卒業証書授与式など、昼間の中学生が経験する行事を夜間中
学生も経験しています[12]。教育課程については、先述のように、2017年の
学校教育法施行規則の一部改正により学齢超過者に対しては、生徒の実情
に合わせて学校長の判断で非常に柔軟な教育課程を編成することが可能と
なっています。

　それでは、蒔田中学校夜間学級ではどのような人々が学んでいるので
しょうか。2019年度の蒔田中学校夜間学級の生徒数と国籍、年齢は次の
【表2】【表3】【表4】のようになっています。

【表2　蒔田中学校夜間学級　生徒数内訳】（2019年7月19日）

学年	男	女	合計
1	3	3	6
2	5	4	9
3	9	5	14
合計	17	12	29

【表3　蒔田中学校夜間学級　国籍別生徒数】（2019年7月19日）

	日本	中国	ブラジル	コロンビア	フィリピン	ネパール	合計
男	3	1	1		3	9	17
女	3	1		2		6	12
計	6	2	1	2	3	15	29

【表4　蒔田中学校夜間学級　年齢別生徒数】（2019年7月19日）

	15-19歳	20-29歳	30-39歳	40-49歳	50-59歳	60-69歳
男	12	4				
女	7	3		1		1
計	19	7	1	1	0	1

　2019年度には29名の生徒が在籍していましたが、その前年度の2018年度
は36名の在籍があり、年度により、また時期により、入学・在籍する生徒
数にはばらつきがみられます。近年では20〜40名程度で推移している状況

です。生徒の年齢は、10代が最も多く、20代が続きます。日本の子どもで
いえば、高校生くらいの年齢の生徒が多い状況です。10代の生徒の多くは、
自分自身の生活の基盤の形成は未熟な状態であり、今後日本社会で生活し
ていくにあたり、さらにこれからの人生設計のうえでも高等学校への進学
を視野に入れて入学してきます。夜間中学校において、高等学校へつなが
る学力をいかに身に付けさせるかは大きな課題となっています。国籍別に
みると、近年はネパールを母国とする生徒が多い状況です。横浜市の夜間
中学校への入学条件として、外国籍の人たちの入学の際には、母国で9年
間の学校教育を受けているか／いないか、その点を市教育委員会のほうで
確認しています。これは、日本の高等学校への進学のためには、9年間の
学校教育経験が必要になってくることと関係しています。例えば、ネパー
ルの義務教育にあたる学校教育は現在は8年間であり、義務教育段階の学
校だけを修了している場合は1年足りないため、高等学校進学を希望する
場合には夜間中学校等で学ぶ必要が生じますし、そもそもネパールでは義
務教育を修了でき得る子どもも限られ、途中退学も多い状況となっている
ようです。夜間中学校で学ぶ外国籍の生徒のなかには、母国で十分な学校
教育を受ける機会に恵まれておらず、数学の計算問題なども、小学校程度
の基礎的な内容から学ぶ必要のある生徒も少なくはありません。また、非
常に重要な取組として、学習支援サポーターを配置し英語、中国語、ネ
パール語での学習支援を行っています。一般的に生活言語としての日本語
は生活のなかで日常的に触れるため習得も早いといわれていますが、学習
言語は学校教育以外では触れることがないため、学習の理解が遅れること
が指摘されています。来日して間もなく日本語を全く解せない生徒も入学
してくるケースも少なくはないため、生徒が安心して学習することができ
るよう、こうした母語による学習支援の取組は非常に重要なものとなって
います。

　さらに、学校での学習時間は限られているため、学校外での学びの場
（定住外国人を対象とした日本語教室や「自主夜間中学」など）との連携
が重要なものとなっています。

　学校行事については、体育祭や文化祭は昼間の行事に夜間中学校の生徒
も参加するかたちで行われています。体育祭では夜間中学生を昼間の生徒

が一生懸命応援する姿がみられたり、文化祭のステージ発表では、夜間中学生が自国の民族舞踊を披露したり、行事を通して相互の交流が行われています。昼間の生徒にとってもこうした共同で行われる特別活動を通して、多文化に触れる機会となっています。

　夜間中学校に入学して「日本のマナーを知った」「友だちができた」という外国籍の生徒が多くみられます。来日後間もない生徒にとっては、日本社会でのコミュニティ形成のひとつとなっている側面もあります。さらに、学校に来れば悩みや困り事の相談ができる教員たちがいて、さまざまなサポートが得られます。また、「学びなおし」を求める生徒のなかには、何年も家族以外とは接していない、いわゆる「ひきこもり」を経験し、家族の勧めで入学する生徒もいます。彼／彼女らにとっては、学校に来ること自体が「ひきこもり」の現状から一歩先へ踏み出すきっかけとなっているものとみられます。このように、夜間中学校は、日本語や教科の学習のみならず、彼／彼女らが日本の社会へとアクセスするひとつの媒介機関ともなっているものと思われます。

（3）夜間中学校の課題として

　横浜市の市立学校の学校事務職員として夜間中学校を開設する蒔田中学校に勤務経験のある筆者の視点から、今日の夜間中学校が抱える課題を主に学びを支援する側―指導体制の面から提示したいと思います。

　ひとつは、特別の教育課程への対応です。生徒の国籍と年齢について先に示しましたが、学齢期に不登校等を経験し夜間中学校で小学校段階から、あるいは中学校段階の「学びなおし」を求める生徒、ひらがなやカタカナ、発話を含めた日本語の学習から始まる日本語を母語としない生徒など、生徒一人一人のそれまでの学習経験が異なるなかで、学習の習得段階もそれぞれ異なり、さらに、高等学校への進学を希望して入学する生徒や中学校だけは卒業したいという思いで入学する生徒など、学力や入学目的を含めて学習ニーズが非常に多様化しているといえます。特に、日本語を母語としない外国籍の生徒には「特別の教育課程」として、日本語レベル、学力レベルに合わせた授業を行う必要があります。蒔田中学校夜間学級では各学年、主要5科目は日本語レベルにより2クラス編成とし少人数授業を

行っていますが、それでも対応が難しい場合が多い状況です。限られた時間のなかで、十分な学習の指導を行うためには、現状より多くの教員の配置が必要となります。

　2点目として、進路指導の問題です。日本語を母語としない外国籍の生徒は年齢的に若い生徒が多いこともあり、日本社会で生活するために、高校への進学を希望する生徒が多い状況です。しかも、言語の問題だけではなく、母国で十分な基礎的な学習の機会を得られていないまま入学する生徒も少なくはありません。3年間で高等学校へつながる学力をいかに身に付けさせるか、という問題があります。日本語を母語としない生徒が多数在籍する高校に入学できれば、入学後の支援が充実している場合もありますが、高校へ行って困らないように、基礎的な学力は身に付けて卒業する必要があります。基本的に3年間の修業年限のなかで、どこまで到達できるのか。定時制高校へ進学するケースが多くなっていますが、在留資格によっては、全日制高校に進学しなければ日本に残ることができないケースもありますので、とても重大な問題です。修業年限については、開設する自治体により上限が異なり、例えば、横浜市では3年間を上限としていますが、6年間としている自治体もあります。夜間中学校において形式卒業を生み出さないためにも、修業年限については慎重に検討する必要があります。

　3点目として、経済的な支援の必要が挙げられます。例えば、就学援助費は、ほとんどの自治体は学齢期の児童生徒の場合は国籍は問わず支給対象としています。他方、学齢を超過している生徒に対しては、開設自治体によりその対応は異なっています。外国籍の生徒のなかには、熱があっても、虫歯があっても治療費がもったいない、ということで病院を受診しないケースもあります。経済的にギリギリのなかで学びに来ている生徒が多い状況がありますので、生徒が安心して学ぶことができるように、経済的支援は不可欠といえます。また、心的に不安定な生徒も少なくはありません。カウンセラーやソーシャルワーカーにつなげる取組も重要になっています。

　4点目として、日本語指導についてです。夜間中学校に「日本語学級」を設置しているのは、現状では東京都の夜間中学校5校にすぎません。蒔

128

田中学校夜間学級では、教科の学習のなかで日本語学習も交えていくという状況にあります。大学での教職課程では日本語教育をはじめ、特にそうしたスキルを身に付け得るカリキュラムが組まれているわけではないかと思われます。昼間の中学校で国際学級を担当した経験がなければ、夜間中学校の教員となって初めて、そうした状況に直面することとなります。現職教員向けの日本語教育などの研修体制を充実させる必要があります。

　さらに、習熟度別の学習を取り入れている場合、日本語および各教科の習得段階に個人差が大きいなかで、生徒のニーズに合わせた教材づくりが重要なものとなります。適切な教材が市販されているわけではないため、教員は手探り状態で教材研究を行い、手作りで教材を作成している状況にあります。ひらがなやカタカナ、基礎的な計算の指導などは、中学校の教員よりも小学校の教員のほうが指導のスキルがあるのではないかと思われ、小学校の教員との人事交流なども必要ではないかと思われます。

　5点目として、生徒（生活）指導についてです。夜間中学校の生徒は、仕事と学業、家庭と学業の両立など、昼間の中学校に在籍する生徒とはまた異なる問題を抱えています。例えば、遅刻や夜更かし、異性交流、服装や髪形、化粧や香水など、昼間の中学生であれば指導を行うケースでも、成人であり仕事を持ち社会生活を送る生徒にどこまで指導を行うのか、難しい場面も多くあります。学齢期の生徒への対応の経験がそのまま夜間中学校の生徒への指導へ生かされるというわけではありません。さらに、小中学校で不登校を経験した生徒が一念発起して夜間中学校で学ぶことは決して容易なことではなく、学校側の受け入れ体制も問われるものです。

　夜間中学校の教員として、必要な知識とスキルを十分得て教科指導や生徒（生活）指導に臨むことができるように、研修の機会の充実や教育委員会による万全の支援体制が重要不可欠といえます。さらに、夜間中学校での指導経験が昼間の中学校でも生かされるような体制づくりが求められます。例えば、横浜市では夜間中学校は1校しかないため、夜間中学校に配置された教員は数年後には異動となり、市内の昼間の中学校へ勤務します。特別な教育課程への対応や、生徒のニーズに合わせた教材研究、年齢や国籍や言語、学習の習得段階もさまざまな生徒が共に学ぶ空間である学校での指導経験は大変貴重なものであり、教員としてのその後のキャリアに必

ず生かされるものであるはずです。また、どうしても昼間の学校の論理で学校教育は捉えられがちですが、夜間中学校が長きにわたり培ってきた教育実践から、昼間の中学校は学ぶべきことは多々あるものと考えられます。夜間中学校と昼間の中学校との相互の交流がますます重要なものとなると考えられます。

④ 夜間中学校のこれから

　先述しましたが、現在、文部科学省は全都道府県への夜間中学校の設置に向けて動いており、その開設に向けて検討している自治体もあり、今後夜間中学校は全国的に増設されていくものと見込まれています。それ自体は歓迎すべきことですが、課題もあるように筆者は考えています。

　長きにわたり東京都の夜間中学校の国語科の教員として教鞭を執った見城慶和元教諭は次のように述べています。

　「学歴がない、あるいは外国人であることを理由に、同じ仕事をしても他人より給料が安い生徒もいます。『おかしい』『どうしてだろう？』と思っても、多くの人が『自分に学歴がないからだ』と思い込んでしまう。ところが、勉強をしていくと『こんな差別はおかしい』と正当な意見が言えるようになる。生きていくためには、知っておくべき言葉、自分の権利をちゃんと自覚するための語彙があるのです。」
　「夜間中学の存在意義が認められ、国が設置促進に向けて動き出しました。しかし、単に数が増えていけば良いのではありません。様々な背景を持った人たちが、互いに助け合い、学び合っている。そうした夜間中学が今日まで培ってきた内実こそが広く理解されていくことが大切です。拡げるべきは〝在り様〟です。夜間中学校の〝在り様〟こそが認知され、やがては日本の教育全体に普遍化されていけたらと願っています。」[13)]

　これからの予測不可能な未来を生きるうえで、「自分の権利をちゃんと自覚するための語彙」を知り、社会を分析し論理的に物事を捉えるためにも〝学び〟はますます重要なものとなっていくことと思われます。なかで

も、小中学校段階の基礎的内容は、十全に社会生活を送るためには必要不可欠なものです。年齢や国籍、言語など多様な人々を受け入れることを前提とした義務教育段階の公立の学校は、現状では夜間中学校しかありません。ですが、昼間に就労していない人にとっては、昼間に通学するほうが都合がよい場合もあります。また、身体の状態や家庭の状況等によっては、毎日通学するよりも通信教育のほうが都合がよい人もいます。さらに、夜間中学校では9教科の学習と学校行事等に参加することとなりますが、教育課程や修業年限等に縛られずに、より自分のペースでじっくり学びたい人には、「自主夜間中学」などの学びの場が必要になるかもしれません。夜間中学校という形態に限らずに、学習する側が自分に合った学びの場を選択することが可能になるよう多様な教育機関・学びの場が整備されていくことが望まれます。

おわりに

　筆者は横浜市の公立学校に勤務する事務職員（＝学校事務職員）です。学校事務職員は、教員ではありませんので、児童生徒に直接指導する立場にはありませんが[14]、教育機会確保法の理念にも示されている「全ての児童生徒が豊かな学校生活を送り、安心して教育を受けられるよう、学校における環境の確保が図られるようにすること」（第3条第1項）ということには、責任を持ち主体的に取り組むべきスタッフのひとりであるという自負があります。

　教育行政学者の藤原文雄は「子どもの学びを支える環境を教員と共に創造することによって、学びの質を高める職員」として学校事務職員の役割を「学びの環境デザイナー」と位置づけています。学校における仕事は大別すると直接的に子どもの学びに働きかける「直接的教育活動」と間接的に子どもの学びに働きかける「間接的教育活動」に区分され、学校事務職員が主として担当する「間接的教育活動」の在り方も子どもの学びに大きな影響力を有していると指摘しています[15]。さらに、藤原は学校事務職員を「リソース・マネージャー」というコンセプトで把握することを提唱しています。学校におけるリソースというのは、人、物、金、時間、情報・

知識、人とのつながりなどがあり、学校事務職員はこれらを調達・活用する役割にあると捉えています[16]。

　筆者の経験として―横浜市では学校配当予算は枠内総額裁量予算制度となっており、配当された予算を学校の実情に応じて配分ができる仕組みとなっています。配当予算の支出に係る一連の事務（計画から契約、予算執行など）と予算の管理は学校事務職員の主要な業務のひとつです。それゆえ、授業で用いる教材教具について、いつ、いくらで何を購入したのか、どこに保管されているのかなど、学校予算で購入した教材教具等の全体を把握している立場にあります。他方、教員のほうは自分が関連する学年や教科領域で使用する教材教具は把握していても、それ以外は把握していないケースが多いものです。ある学年や教科で用いる教具が他の教科でも用いることが可能な場合が多く、教材教具の教科横断的な利用には教員と学校事務職員の連携が重要なものとなります。さらに、本稿で着目する日本語を母語としない外国籍の児童生徒が安心して学校生活を送ることができるためには、児童生徒に応じた学習環境の整備や適切な教材教具の整備などが不可欠です。また、筆者が知る中学校の校長は、事務室というのは「そこに相談に行くと、何か情報が得られる場所」という認識があるといいます。事務室は、学校予算の情報に限らずに、職員や児童生徒の情報、学校の全体の動きなど、学校運営に関わる全体の情報が集約される場所であることが求められます。横浜市では学校事務職員は学校における総務・財務に精通した行政職員であり、行政知識を学校の充実、学校運営の改善に直接的かつ効果的に生かすことができる唯一の教職員であること、そして、学校教育と教育行政双方の知識を相乗的に結び付けることで児童生徒のよりよい成長に貢献できることを学校事務職員の専門性としています。そこでは「学校教育と教育行政双方の知識を兼ね備えた専門性を有する職員」として人材育成を推進することが求められており[17]、学校事務職員が果たすべき役割への期待は大きいといえます。

　2017年に学校教育法が改正され、学校事務職員の職務は「事務に従事する」から「事務をつかさどる」に改められました。年齢や国籍にかかわらずすべての児童生徒が豊かな学校生活を送り、安心して教育を受けることができるよう、学校をとりまくリソースを有効に活用し、管理職や教員、

他の職員との協働のうえで子どもの学びを支える環境を創造するために、学校事務職員の役割はますます重要なものとなってくることと思われます。今日、夜間中学校が全国的にも増設される見込みがありますが、現状でもその多くは学校事務職員を配置していない状況にあります。人々の学びの機会のみならず、学びの環境を整備するためにも、学校事務職員の配置が求められます。

　さいごに。本稿は、2020年2月15日に開催された日本教育事務学会の研究集会での基調報告がもとになっています。研究集会は、子どもの貧困、特別支援教育、外国籍の子どもたちの問題という今日の学校教育が抱える教育課題に対して学校事務に携わる学校事務職員の視点から向き合うというこれまでにはなかったものと思われます。

1）横浜市ホームページ「横浜市立中学校夜間学級のご案内」https://www.city.yokohama.lg.jp/kurashi/kosodate-kyoiku/kyoiku/sesaku/school/yakan.html（最終閲覧日：2020年7月4日）
2）赤塚康雄『新制中学校成立史研究』明治図書、1978年、188-195頁参照
3）文部省調査局企画課編『わが国教育の現状』文部省、1953年、62-64頁
4）「2015年度　第61回全国夜間中学校研究大会大会資料」第61回全国夜間中学校研究大会事務局、2015年、など参照
5）「行政監察月報」No.88（1967.1）、行政管理庁行政監察局、14-15頁
6）文部科学省ホームページ「小・中学校等への就学について」https://www.mext.go.jp/a_menu/shotou/shugaku/index.htm（最終閲覧日：2020年7月5日）
7）宮島喬『外国人の子どもの教育』東京大学出版会、2014年、92-93頁
8）同上、92頁他
9）佐久間孝正『外国人の子どもの不就学』勁草書房、2006年
10）佐久間孝正『在日コリアンと在英アイリッシュ』東京大学出版会、2011年、150頁
11）中学校の通信教育課程は、もともとは旧制度の尋常小学校卒業者および国民学校初等科修了者等に新制度の中学校の教育課程を履修させることを目的として開設されている。
12）「令和元年度　横浜市立蒔田中学校　夜間学級経営計画」横浜市立蒔田中学校、より
13）『全国夜間中学ガイド』学びリンク株式会社、2016年、9頁
14）横浜市の学校事務職員は、さまざまな経験やキャリアを持つ人たちがいますが、そのなかで、大学の卒業時には教員免許を取得している人も少なくはありません。筆者もそのひとりです。教員免許を取得する際の教職課程で学んだ知識や教育実習での教員体験などが学校現場に勤務するなかで生かされていると思うことも多くあります。
15）藤原文雄『「学びの環境デザイナー」としての学校事務職員』学事出版、2011年、参照
16）藤原文雄『スクールリーダーのための教育政策入門』学事出版、2018年、参照
17）横浜市教育委員会『学校事務職員「人材育成ビジョン」』2019年、参照

執筆者一覧

五十音順

礒田　勝 （いそだ・まさる）　　　　　　　　　　　　　　　　　　第3章

　さいたま市立高砂小学校主任専門員。埼玉県吉川市の学校事務職員として採用後、新市誕生の直前にさいたま市に異動。学校事務研究会の運営に関わり、主に学校における事務領域の改善活動をすすめる。また、自治労（全日本自治団体労働組合）での活動を通じて、自治・分権型社会における地域教育政策の策定や中央省庁との交渉等による諸制度の改善に携わってきた。取り組んできた課題は、「学校を拠点とするまちづくり」「教育費無償化」「給食費公会計化」「貧困」「環境問題」「学校トイレ」「防災」他。

　一人旅が好きで、若い頃はヒッチハイクで全国を放浪。今は、自然の中で過ごす時間がお気に入り。

著作：「教育は、学校は、はたして変われるか」『分権改革と教育改革』（共著、ぎょうせい）他

大多和 雅絵 （おおたわ・まさえ）　　　　　　　　　　　　　　　第4章

　横浜市立大綱小学校事務職員。お茶の水女子大学大学院博士前期課程修了後、2005年度より横浜市立学校の学校事務職員。学校現場に勤務しながら、教育研究（教育史）を続け、2016年に博士号（社会科学）（お茶の水女子大学）取得。著書に『戦後夜間中学校の歴史―学齢超過者の教育を受ける権利をめぐって―』（2017年、六花出版）がある。

　2020年度は武蔵野美術大学、お茶の水女子大学にて非常勤講師を兼務。大学院時代は在日韓国・朝鮮人をとりまく教育問題について、近年は戦後の夜間中学校の歴史を研究テーマとしてきた。さらに、学校事務職員制度について勉強中。

　学校教育について、学校事務職員としての視点から、研究者としての視点から、そして（長男が小学生になり）保護者としての視点から、何か問題をとらえることはできないかと暗中模索の日々を過ごしている。

川崎 雅和 （かわさき・まさかず）　　　　　　　　　はじめに・第1章

　1969年4月、東京都公立学校事務職員に採用。2007年3月、文京区立窪町小

学校を定年退職。全国公立小中学校事務職員研究会（全事研）常任理事などを歴任し、現在は、現代学校事務研究会代表幹事、学校事務法令研究会会長、日本教育事務学会理事。

主な研究テーマは、子どもの学ぶ権利保障と就学支援、学習方法の多様化に対応する学びの場の整備、子どもの安全と健康を守る学校づくり、学校の情報管理改革など。

主な著作：『学校マネジメント研修テキスト3　学校財務』『学校マネジメント研修テキスト5　情報管理と人事・給与事務』『学校事故の防止と安全・防災対策の進め方』『学校事務小六法2016』『カリキュラム経営を支える学校事務』（共著）『小学校単元別教材教具一覧』（共著）『情報公開と説明責任』（共著）『学校の個人情報保護対策』（共著）『保護者負担金がよくわかる本』（共著）など。

東郷 伸也 (とうごう・しんや)　　　　　　　　　　　　　第2章第2節

京都市立洛北中学校教頭。1986年より京都市立中学校で理科教諭として勤務。2001年から6年間、京都市青少年科学センターに勤務。その頃より全国の科学館や小学校などでサイエンスショーの講師として活動。ノーベル物理学賞を受賞された朝永振一郎先生の色紙の言葉が、自分の理科教育の支えとなっている。

「ふしぎだと思うこと　これが科学の芽です　よく観察してたしかめ　そして考えること　これが科学の茎です　そうして最後になぞがとける　これが科学の花です」。

自然科学と全国各地に伝わる風俗・習慣との接点をさがす旅をするのが夢。

水口 真弓 (みずぐち・まゆみ)　　　　　　　　　　　　　第2章第1節

1990年度より京都市立学校の事務職員として中学校を4校勤務。2018年度から京都市教育委員会総務部学校事務支援室、学校事務支援主事として勤務している。子どもの頃は、小・中・高校時代を児童養護施設で過ごした。施設に入所する前も、入所してからも「チーム学校」に支えられていたことを、学校事務職員の職務を通して、教職員との協働によって知り得ることができた。

また、「教育の力で貧困を断ち切ることができる」ことは身をもって実感している。京都市の教育理念である「一人一人の子どもを徹底的に大切にする」を常に心に留めながら、今できること、すべきことに努めていきたい思いでいる。

貧困・障がい・国籍 教育のインクルーシブ化に学校はどう備えるか

2020年10月23日　第1版第1刷発行

編　者　　共生社会の学校づくり研究会
著　者　　礒田　勝・大多和雅絵・川崎雅和・東郷伸也・水口真弓
発行者　　花岡萬之
発行所　　学事出版株式会社
　　　　　〒101-0021 東京都千代田区外神田 2-2-3
　　　　　電話 03-3255-5471
　　　　　http://www.gakuji.co.jp

編集担当　　木村　拓
編集協力　　古川顯一
装　　丁　　精文堂印刷株式会社／三浦正已
印刷・製本　精文堂印刷株式会社